/ 100 位

为新中国成立作出突出贡献的英雄模范人物/

明 德 英

杨桂柱/编著

吉林文史出版社

图书在版编目（CIP）数据

明德英 / 杨桂柱编著. -- 长春：吉林文史出版社，
2011.4（2022.4重印）
（100位为新中国成立作出突出贡献的英雄模范人物）
ISBN 978-7-5472-0538-9

Ⅰ. ①明… Ⅱ. ①杨… Ⅲ. ①明德英（1911～1995）—
生平事迹 Ⅳ. ①K828.5

中国版本图书馆CIP数据核字(2011)第050735号

明德英

MINGDEYING

编著/ 杨桂柱

选题策划/ 王尔立　责任编辑/ 王尔立

装帧设计/ 韩璘

出版发行/ 吉林文史出版社

地址/ 长春市福祉大路5788号　邮编/ 130118

电话/ 0431-81629363　传真/ 0431-86037589

印刷/ 天津海德伟业印务有限公司

版次/ 2011年4月第1版　2022年4月第6次印刷

开本/ 640mm×920mm　1/16

印张/ 9　字数/ 100千

书号/ ISBN 978-7-5472-0538-9

定价/ 29.80元

《100位为新中国成立作出突出贡献的英雄模范人物》丛书

编 委 会

100 位

为新中国成立作出突出贡献的英雄模范人物

八女投江	于化虎	小叶丹	马本斋	马立训	方志敏
毛泽民	毛泽覃	王尔琢	王尽美	王克勤	王若飞
邓 萍	邓中夏	邓恩铭	韦拔群	冯 平	卢德铭
叶 挺	叶成焕	左 权	诺尔曼·白求恩		任常伦
关向应	刘老庄连	刘伯坚	刘志丹	刘胡兰	吉鸿昌
向警予	寻淮洲	戎冠秀	朱 瑞	江上青	江竹筠
许继慎	阮啸仙	何叔衡	佟麟阁	吴运铎	吴焕先
张太雷	张自忠	张学良	张思德	旷继勋	李 白
李 林	李大钊	李公朴	李兆麟	李硕勋	杨 殷
杨子荣	杨开慧	杨虎城	杨靖宇	杨闇公	萧楚女
苏兆征	邹韬奋	陈延年	陈树湘	陈嘉庚	陈潭秋
冼星海	周文雍、陈铁军夫妇		周逸群	明德英	林祥谦
罗亦农	罗忠毅	罗炳辉	郑律成	恽代英	段德昌
贺 英	赵一曼	赵世炎	赵尚志	赵博生	赵登禹
闻一多	埃德加·斯诺		夏明翰	格里戈里·库里申科	
狼牙山五壮士	聂 耳	郭俊卿	钱壮飞	黄公略	
彭 湃	彭雪枫	董存瑞	董振堂	谢子长	鲁 迅
蔡和森	戴安澜	瞿秋白			

前　言

　　每个人的心中都多少有一点英雄情结，都向往英雄、景仰英雄。也正因此，在中华人民共和国建国六十周年之际，由中央十一部委联合组织开展的"100位为新中国成立作出突出贡献的英雄模范人物和100位新中国成立以来感动中国人物"的评选活动中，群众参与投票总数近一亿。这其中的每一张选票，都表达了人们对英雄模范的崇敬之情，寄托着对伟大祖国的美好祝福。

　　一个民族不能没有英雄，否则这个民族就不会强大。当国家危难之时，懦弱者选择了逃避、妥协甚至投降，英雄们却挺身而出，用热血捍卫民族的尊严，人民的幸福。在创立和建设新中国的伟大历程中，涌现出无数可歌可泣的英雄模范人物。他们之中，有为了民族独立和人民解放而英勇牺牲的革命先烈，有为了党和人民的事业而不懈奋斗的优秀共产党员，有在全民族抗战中顽强奋战、为国捐躯的爱国将士，有英勇杀敌的战斗英雄和革命群众，有积极从事进步活动的著名民主爱国人士和国际友人……他们是民族的脊梁、祖国的骄傲，是激励全体人民团结奋斗的精神力量。

　　《100位为新中国成立作出突出贡献的英雄模范人物传记》丛书，就像一部星光璀璨的英雄谱，真实、完整地记录了英雄模范人物不平凡的一生，再现了他们非凡的人格魅力和精神世界。"头颅可断腹可剖"的铁血将军杨靖宇，"毫不利己，专门利人"的白求恩，"抗战军人之魂"张自忠，"砍头不要紧"的夏明翰，"俯首甘为孺子牛"的文化斗士鲁迅……一串串闪光的名字，一个个动人的故事，犹如群星闪烁，光耀中华。

　　如今，战火已熄，硝烟已散，英雄已逝，我们沐浴在和平的幸福之中。在和平年代，人们不会忘记为今日的和平浴血奋战的英雄们，英雄的故事永远不会结束。让我们用英雄的故事唤醒我们心中的激情，为中华民族的伟大复兴而奋斗。

生平简介

明德英（1911–1995），女，汉族，山东省沂南县人。

明德英出生于贫苦农民家庭，2岁时因病致哑。全国抗战爆发后，她在家乡目睹了共产党、八路军坚持抗战、一切为了民众的实际行动，从而对共产党、八路军怀有深厚感情。1941年冬，大批日伪军包围了驻沂南马牧池村的八路军山东纵队司令部。11月4日，八路军一名小战士在反"扫荡"突围中身负重伤，被明德英机智救下，为他包扎伤口。当搜捕的日军走后，伤员因失血过多，缺水休克，在周围没有水源的情况下，正在哺乳期的明德英毅然用乳汁救活了伤员。随后，她又和丈夫李开田倾其所有，收养伤员半个多月，使其康复归队。1943年，她又从日军的枪林弹雨中抢救出八路军山东纵队军医处香炉石分所13岁的看护员庄新民。明德英救护八路军战士的情节，后被写入小说《红嫂》，编入京剧《红云岗》、舞剧《沂蒙颂》。沂蒙红嫂用乳汁救伤员的故事随之传遍全国，家喻户晓，明德英也被公认为沂蒙红嫂的生活原型，赢得了人们的敬重和爱戴。解放后，她仍不忘爱党爱军，先后把儿子、女儿、孙子等送入子弟兵行列，体现了爱党爱军的沂蒙精神。国防部原部长迟浩田上将在探望她时，题词"蒙山高，沂水长，好红嫂，永难忘"。

1911-1995
[MINGDEYING]

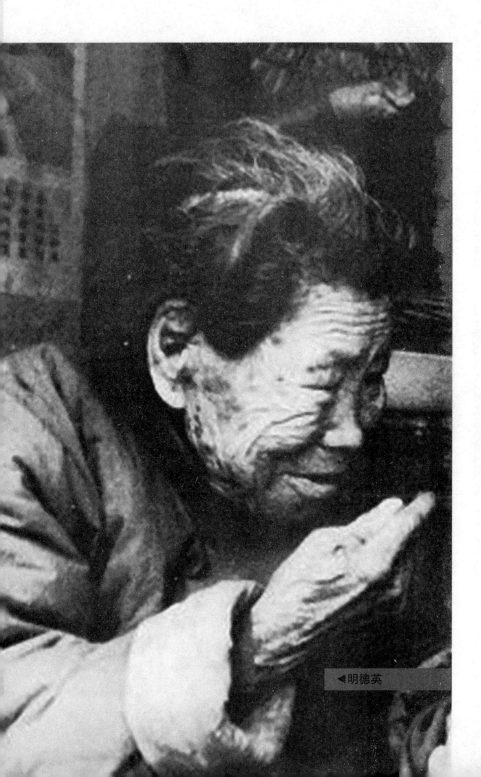

◀明德英

目 录 MULU

超凡脱俗的英雄（代序）

　　我对沂蒙老区有着特殊的感情，对来自于沂蒙老区的创作，特别对沂蒙老区革命斗争的创作更有一种亲切感。除了我本身就是沂蒙人这一层关系外，还因为我从12岁就参加了中国共产党领导的沂蒙山区的革命斗争。从抗日战争到解放战争，许多战役战斗都亲身经历过，所以，我在长期创作过程中，不时地写沂蒙山，写沂蒙山的人和沂蒙山的革命故事。

　　红嫂明德英是我所熟悉的一位革命老人。她用乳汁救伤员的故事和许多拥军支前的事迹，被尘封了几十年。我作为当年鲁中地区的记者、后来的作家，想起来就觉得有不少的遗憾。1994年7月，我曾写过一篇散文，题目叫《"红嫂"的发现》。为了这篇《"红嫂"的发现》，我曾于1973年到故乡短期生活和采访。9月底到马牧池公社横河大队采访红嫂明德英。在她家里同她的儿子、儿媳等家人采访过，还同与红嫂的丈夫李开田同辈的李开文等大队干部，采访过明德英救庄新民的故事。他们还向我介绍了解放后，庄新民多次写信查问李开田的故事。我根据这次采访的红嫂故事，写了长诗《沂河曲》，但没有立即发表。我把稿子存着，想找机会访问一下庄新民，得知一些更详细、更丰富的情况，做一些修改之后拿出来发表。1977年春，为了写陈毅、粟裕与孟良崮战役的报告文学，我到上海访问曾在陈毅同志身边工作过的汪晓云同志，并抽时间去了住在上海四平路的庄新民家，连续去了两趟都没能见上。直到1989年10月沂南党史出版的《沂南党史资料》，刊出庄新民的回忆文章才知道，他当时还正在被揪斗期间，为避嫌坚决谢绝了一切来访。后来，我先后两次给庄新民寄去两本刊发我的作品的刊物，但多年没有回音。

所以，我的《沂河曲》依然睡着，《"红嫂"的发现》也直到1994年才发出来。

沂蒙山区是一片英雄的热土，是中国共产党领导并开辟的红色革命根据地。在我看来，十多年的革命战争，为沂蒙山留下三大财富。一是孟良崮战役，二是《沂蒙山小调》，三是红嫂精神。战役，在共和国历史上耸立起一座丰碑。小调，全国全世界人民都在传唱。精神，是沂蒙山妇女在十几年的革命战争中创立的精神支柱。成为中国共产党领导的军民鱼水情的标志和军民共建文明社会的传统。"红嫂"是一个群体形象。而红嫂精神就是她们以超出牺牲精神的精神，集体创立的精神丰碑。当年，沂蒙山革命根据地一些党政军领导干部的孩子，一生下来就寄养在老百姓家里，妇女们有奶先给这些孩子吃，自己的孩子却在一旁嗷嗷待哺。穷人的奶稀罕哪，你吃了，他就没有了，有的孩子就因长期吃不上母乳又没有别的好吃的，而营养不良乃至夭折。红嫂明德英乳汁救伤员，是特殊环境下超凡脱俗的英雄壮举，她把沂蒙山广大妇女群体形象变成精神金字塔。这就是她之所以声名远扬，人民永远寄怀的原因。

历史是一面镜子，人民是最好的评判员。在新中国成立60周年前夕，明德英被评为"100位为新中国成立作出突出贡献的英雄模范人物"，被评为"山东省100位为新中国成立、建设做出突出贡献的英雄模范人物"。可见，明德英在历经60年之后，仍然在社会上有着巨大的影响。无论是在历史面前，还是在人民的心中，明德英都是一座不朽的丰碑。

一位哲人曾经说过，一个人发动的战争，若能激起广大妇女的反对，那么这场战争是注定要失败的。我想，一个能动员起广大妇女自愿参与的战争，是必然能够取得胜利的。中国共产党领导的沂蒙革命老区，从一开始就动员起了广大妇女，连儿童团都参加了战斗，从而注定了根据地的建立、发展和壮大，也注定了中国共产党领导的革命一定成功。红嫂原型——明德英，以许多无可辩驳的事实做出了诠释。

平凡的身世

(1911—1940)

→ 山妮出世

★ ★ ★ ★ ★

（0-24岁）

沂蒙山区，春夏秋冬，四季分明。秋收过后，艳阳高挂，布谷声声。人们甩开膀子，在田间播种小麦，播种来年的希望。年复一年，一样的忙碌，一样的清贫，一样的代代相传。

1911年9月16日，黎明时分，沂南县岸堤村农民明清山家传出婴儿啼哭的声音。这是一个女孩，山里人就叫她山妮。显然是十月怀胎营养不良，女孩十分瘦弱，瓜子脸上，鼻梁高高，下额尖尖。

明清山夫妇一见孩子，立即喜上眉梢。那毕竟是他们俩婚后感情的结晶，是新生活的开始。可笑容还没在脸上定格就消失了。夏天收的麦子，除了吃的、卖的，只剩下一把麦种，还在前天种到地里去了。人家坐月子要吃小米饭加红糖，还要喝一碗荷包鸡蛋，可眼下家里哪有这些？明清山愧心地不敢正视妻子和女儿。疲乏的妻子没气力说几句安慰他的话，她原谅他，知道家里穷。再说，穷也不光他们一家，都这样。她听娘说，娘生她时，也是没吃上荷包蛋，只喝了两大碗高粱面糊粥。

穷人的孩子生命力极强。小山妮吸吮着母亲那点儿不足的奶水，过了一月又一月。

春节到了，西邻家张大妈送来半升白面，一

△ 明德英幼年生活过的汶河

家人过年没舍得吃饺子，留着喂山妮。

春天来了，母亲采来新鲜的野菜，做出稀饭汤给山妮喝。

小麦发黄了。山妮第一个吃上了麦子，浑身长肉，脸上红润润的。

中秋节晚上，明月当空。山妮跟父母坐在院子里，母亲指着满天星斗和月亮，讲牛郎织女的故事。听着母亲讲的故事，山妮开始牙牙学语。

△ 明德英儿时的西邻居张恩秀(右二)和同村同龄人王权德(右一)

院子里不时传出山妮那天真而清甜的笑声和断断续续的说话声。

转眼过了10月，秋风刮来冰霜。

一个冰封的晚上，细心的母亲一觉醒来，觉得山妮热得烫人。给她奶，她不吃。给她水，她不喝，一个劲儿地昏睡。挨到天明，叫来张大妈。山里人有许多草方。山妮白天喝了两次中草药水，烧慢慢退了，可傍晚又烧了起来。一连三天，直烧得山妮双目紧闭，有气无力。

又过了几天，张大妈给熬的草药终于治好了山妮的病。然而，一天一天地过去之后，父母却吃惊地发现，山妮的耳朵似乎出了毛病。

穷人的孩子得病，就是听天由命。许多病就是挨几天、拖几日，顶过去就好了。如果顶不过去，伤就伤了，死也就死了。山妮伤了，伤了听力，再不能跟父母学语说话了，只留下幼儿时学成的单词。后来，因听不见声音，连单词也不说了，人们都叫她哑巴。

山妮的命不算好。

家里很穷，半年糠菜半年粮，有时连糠菜都没有。因为穷，她面黄肌瘦。

一年后，母亲又生下一个儿子。夫妻俩就更顾不上疼爱她了。相反，她还得看孩子，哄弟弟玩儿。

5岁那年，母亲一病不起，没几天就离开了人世。山妮哭得没了眼泪，没了声音，天天背着弟弟在街上走。

三年之后，父亲给她娶来一个后娘。后娘待她还不算太差，但总不如亲娘。她本来就因耳聋变得内向的性格，更加内向了。

　　山妮聪明倔强，听不见外面的世界，就注意用眼睛观察周围，找生活中的规律，弥补听力的缺陷，寻找听觉的世界。说不出话，难以表达内心世界，她就摸索着、试探着，通过发声、手势、动作，借以透出心底世界。别看她长得比同龄人矮些、瘦弱些，可她有心计，有力气，同龄孩子没有敢欺负她的。相反，许多时候，她成了孩子们的小领袖。一年春天，她跟几个小姐妹一起到野外挖菜，中午时分，各自挎着满满的篮子往家赶。不巧正赶上本村地主家的小儿子。这小子因眼上长过疖子落下一个疤痕，所以外号叫"疤拉眼子"。他牵着一只小花狗，横在路上，想对几个女孩子撒野。别的孩子见了这阵势害怕，停住了脚步，大气不敢出一口。山妮一看便知是怎么回事，她示意姐妹们跟着她。然后，她挺起胸脯，手里挥舞着挖野菜的铁铲子，没事人一般，大胆迎上去。那疤拉眼子见她那雄起起、气昂昂的架势，又看看她手中的那把已磨得明晃晃的铁铲子，胆怯了。从路中间躲到路一边。众姐妹可神气了，学着她的样子，若无其事地走了过去。疤拉眼子翻了翻白眼，没敢说什么，连他身边的花狗也没敢吭一声。

　　山妮不畏强暴，却乐于助人。她助人时机智、勇敢、果断。岸堤村前有一条汶河。这条河发源于沂蒙山北麓，汇集了山间的条条支流，即使是冬春季节，河水照样流淌不息。岸堤村的人们世代喝这河里的水，挑水的事几乎都是各家孩子们去做。有一次，刚刚过了正月十五，寒冬正悄悄退去。下午，山妮和几个到河上挑水的小兄弟姐妹不期而遇。山村穷孩子自有穷孩子娱乐的方式。她们像往常一样，一个个放下钩担和水罐子，奔向冰河中间去滑冰戏耍。天真的孩子们，记忆中只有冰上的欢乐，他们哪儿知道，天渐放暖，冰要融化将会给他们带来的危险。忽然，冲在最前头的山娃压碎了冰面，自己留不住脚，后边的伙伴更留不住脚，一个个掉进了冰水里。跟在他们身后，起步略迟的山妮，一看情况不妙，立即收住脚,回到岸边。怎么办? 救人要紧! 说时迟，那时快，机灵的山妮顺手拿起两条钩担，贴着冰面向落水的小伙伴甩了过去。此时，前边的山娃未来得及往回返已落入水中，后边的一堆伙伴也纷纷掉进冰窟里。猛然间，前边的落水者抓到一根钩担，后边的也抓到一根钩担。山妮又顺手甩出两根，然后自己带上一根向冰窟走去，示意水中的伙伴们把钩担接起来，抓住自己的钩担。然后，她使劲地往岸上拉。一步、两步、三步……一个伙伴爬上了冰层，又一个伙伴爬上了冰层……五根钩担拉上七八个孩子上了岸。

山妮长得不怎么漂亮，也没有语言，可一般大的孩子们都喜欢她。

山妮有不幸，也有幸运。一辈子干裁缝的大爷爷无后，临死时，父亲明清山过继给大爷爷当儿子，农村这叫出嗣。从此，明清山多了一个娘，还多了20亩山地。山妮多了一个奶奶，也增加了干不完的农活。因为有了地，日子富裕了许多，加上继母过门无后，山妮的日子还算过得去。

山妮的生活就跟她脚下的山路一样，总是坎坎坷坷。长到16岁时，婚后八年不生育的后娘竟然开怀生下一女。使本来在后娘心中位置就不大也不牢的她，更没了位置。

山妮18岁了，更大的不幸来了，唯一疼爱她的父亲一场大病，再也没醒过来。

失去了生身父母，就失去了温暖。不过，后娘还需要她，需要她干农活，需要她看护自己亲生的小女儿。她在堂屋的外间搭起一个地铺，放上一些谷草，又在铺的外侧捆一捆秫秸当铺沿，晚上就睡在这个草铺上。西邻居张大妈家有个比她小两岁的姑娘，常过来跟她一起看小孩、干家务活。白天，两个姑娘就通过手、脚、眉眼来说话。慢慢地，山妮淡忘了失去父母的痛苦，习惯了孤单又能自立的生活。

春天来了，和风叫醒了苦菜花，也唤醒了冬眠的大地。山妮从自家的团瓢屋里找出父亲用过的镢头、铁锨，她要到父亲耕种过的那二十多亩山地里去耕耘，种瓜点豆，准备一年的生计。

山妮是应着布谷鸟的催种叫声来到人世间的，作为人生先兆的话，她的一生应该是播种的一生。

她也真有种地的天赋。没人教她，看着别人，自己竟然会种、能收。春去秋来，她家缸满、盆满，连墙上也挂满了五谷杂粮。院外堆放成垛的是谷草、青草、山草，烧不了还卖钱花。看着自己的劳动成果，山妮心里美滋滋的。

 # 嫁到李家

★★★★★

（25岁）

距离岸堤村十多里的马牧池乡有一个横河村。村中的人家全姓李，是清朝初年从离此70里的张庄镇小河村迁来落户的。因村前横着一条河，故后人给起名为横河村。

横河村里有个李开田，父母给外村地主

△ 明德英故居

打工，过着食不饱腹的日子。可怜老两口没能给
儿子成上家就双双离开人世。这李开田从 8 岁起，
就给人家放羊打柴。年复一年，胳膊腿结结实实，
浑身是力气，一米七八的个头，勤快、朴实、善良、
厚道，谁家的活，他见了就干，谁家有难，他见
了就帮，同宗兄弟爷们儿都拿他当自家人。

　　李开田是个好人，就是长到二十多岁了，还
是起来一身，躺下一铺，连一间屋藏身都没有。
虽说人好，可谁家的闺女肯嫁给一个既无父母
照应，又无一草一木的男人呢？所以，时间一年

一年地过去了，亲提的不少，却不见应亲的。直拖到人过40岁，就如同天已过午，仍是孑然一身。

一天，一个从岸堤村到外地扛活的中年汉子，路过横河村时，天已近午，口干舌燥，肚子也饿了，便停下脚步到路边正在盖屋的一家找水喝。正赶上李开田在这家帮忙。在沂蒙大山里，东西两庄，邻里壁家喝碗水，吃顿饭是常事，只要有，谁也不吝惜。主人让李开田拿上一个碗，提上一壶水送过去。那本来就甘甜的山泉水，被那干渴了一头午的赶路人，一会儿就喝光了。喝水间，两个山东汉子拉起家常。

来人叫明清河，见眼前的汉子是个实诚人，就说了实话。"我是西边岸堤街上的，从小跟着大人当扎裁匠，可这年头，挣不出吃的呀！日子不好，养不起老婆孩子，就闯了关东。可关东也不是穷人吃饭的地方，这不，我从关东赶回家来了。"

你一言，我一语，明清河听出李开田似乎尚未成亲，便有意试探说："家里有个侄女，年龄不小了，是个哑巴，还没安家，我也不放心……"

说话间走过来几个干活的，凑上去聊天。明清河的话，出口有因，前来的听者也有意。论年龄，人群中的李开富算是个长者，他跟李开田是不远的兄弟，平时最合得来。听明清河说家中有侄女尚未成家，立即抓住机会说："老明哥，你家侄女今年多大了？"

明清河忙礼貌地说："要说年龄嘛，记不大清了，不是24

就是 25。"接着补充说："噢！想起来了，跟我的属相一样，都是属猪的，今年 25 岁。"

封建时期的沂蒙山乡，穷人家女孩子因受穷而嫁得早，一般不到 20 岁就嫁出去了。山妮因父母过世得早，本身又有残疾，就多拖了几年。明清河接着说："要说残疾嘛，我侄女怪机灵，农家活路一看就会，理家过日子是把好手。"

李开富听明白了，心里也有了算计。忙催着李开田等人快去干活，自己留下来，装上一袋烟，朝明清河跟前挪动了两步，凑近后小声说："咱都是老乡，跟你说个实话吧，家中侄女若是还没有找主的话，你就操这个心吧！"接着又说："不瞒你说，这开田兄弟是跟我光着腚长起来的，人品好，吃苦能干，还有一手给牛羊牲畜治病的手艺。就是从小死了爹娘，又没家没业的，直拖到如今。这庄上的兄弟爷们儿都替他操心。我看，那边由你做主，这边我说了就算，咱就成全这门亲事吧！"

过去的儿女婚事讲父母之命，媒妁之言，山妮没了亲生父母，亲叔就是全权代表。经李开富这么一说，半路上说成了亲事。

中午，穷哥们儿一起吃了顿饭，借吃饭的工夫，李开富跟李开田说了个仔细，双方就正式定下来了。

令李开田犯愁的是，找到媳妇没地方娶，自己连间像样的团瓢屋都没有，总不能娶到露天地里吧。其实，穷哥们儿心心相连。送走了明清河以后，李开富又把几个干活的弟兄叫到一块儿说："这么着吧！开田这边和明家那边，都没个老人张罗，咱们就水和泥，来个省事的，那边的事我去商量，定个近日子，这边呢，咱这一伙子，明天就给开田盖屋。"

第二天，村前村后的兄弟爷们儿听说给李开田盖屋娶亲，都心里高兴。带草的、拿料的，不约而同地赶来，李开富现场指挥，挑水的、和泥的、垒墙的，条条有序，大家边干活边说笑，喜气洋洋，不知不觉已是日头偏西，一间团瓢屋平地而起。傍黑时分，李开富的儿子从集市上带来一口锅，正好安在门左边刚刚垒起的灶台上。李开田也多少有点儿积蓄，见大家为自己成家操心费力，实在过意不去，偷偷找人到集市上割了

△ 明德英与丈夫李开田

三斤猪肉，打了二斤酒，就在新锅新灶上开火炒菜，喝酒祝贺。

明清河没想到事情这么顺当，特别是李开田，老实、本分、能干、人缘好，他打内心里喜欢。回到家，已是日头偏西。他径直来到嫂子家。山妮正在烧火做饭，一见二叔亲得"啊啊"直喊。明清河跟她打了个招呼，然后找到嫂子直话直说了这门亲事和所见所闻。嫂子是山妮的后娘，她知道山妮年龄大了，虽然自己的女儿还需要她看护，但既然二叔做主，庄邻又看法一致，乐得顺水推舟，成全好事，便满心欢喜。其实，她一年前就听东乡来赶岸堤集的人说过，说那地方有个半老头，人挺好，就是父母早亡，没人张罗，耽搁了婚事。后两年满村的人都帮忙为山妮找婆家，当时她没有答应。如今，二叔从中办理，她省心省力，还当了好人，不仅满口答应，而且连夜商量如何办理婚事。商量的结果是：不要彩礼，做一身新衣裳过门。怎么送呢？这一带有三种送法，一是坐轿。这要租轿，四人抬，还要两个人送客，还需要一定的嫁妆，至少六个吹鼓手。二是坐车。用独轮车，车上用草席搭上棚子，披红戴花，适于短途。三是骑毛驴。山乡道路崎岖不平，路程远，一般就骑一头驴，亲人随同送行，比较简单、节省。商量的结果就是坐毛驴，由明清河和隔壁的张大妈送行。

三天之后，李开田第一次穿上了上下一身同时做起来的新衣服，一大早把院落打扫得干干净净。约是早饭时分，明清河、张大妈送山妮过门来了。横河村一片欢腾，看媳妇的孩子早把小屋子挤满了，女人们聚集在胡同头上，指指划划地议论着。

山妮听不见，也说不出，可她什么都懂得。她知道李开田是她的男人。她还知道往后的岁月很长，她要生儿育女，建家立业，过好日子。她坐在李开田新做的木床上，透过面前晃动的人群，偷眼看李开田。直觉告诉她，这是个善良、朴实、能干的男子汉，能顶天立地，跟上他有好日子过。想到这里，她的脸上挂上了笑容，心里美得要开花。

 ## 河边情趣

★★★★★

（28岁）

1938年8月，山东抗日军政干部学校来到岸堤镇，在紧靠汶河的一所大宅院里住了下来。几百名学员每天在河边操练，有时到河南岸的艾山上站岗，练习刺杀、投弹和射

△ 明德英家东的王家河

击本领。不久，从这里走出一些穿戴跟当地农
民差不多的干部，三个一群、两个一伙地到各村
去发动农民，团结起来，行动起来，参军参战。
随后成立了"突击队"、"自卫团"、"武工队"等
民团组织。

　　10月的一天，从干校来了一个外号"老丈人"
的八路军干部，在横河村住了下来。接着开来一
队队士兵，有十个一群的，有八个一伙的，就住
在村中的百姓家，跟大家一样吃干煎饼。有空就
给房东家看孩子、喂牛、喂羊。又过了两天，一

声号令，一队队士兵开往村前的河滩上，每人手里拿一根木棍，列成一字队形。那个叫"老丈人"的八路军，一会儿讲，一会儿比划，一会儿喊，列队的士兵都听他的。在随后的日子里，天天从这里传出"杀杀杀"的喊声。开始一些孩童在旁边观看，听到齐刷刷地喊"杀"声还吓了一跳，后来他们知道了，那木棍是代替刺刀的，那杀声是针对日本鬼子的，一刀一枪都是对鬼子。他们也慢慢地知道，日本侵略者在中国是无恶不作，专杀中国人，夺中国人的金银，抢中国人的粮米，夺不走便烧，不让他抢就杀，中国人在他们眼里像只鸡一样，爱杀就杀，想砍就砍。

大人要比小孩明白得快，纷纷送出自己的孩子去河边练武。

孩子们要比大人们的好奇心强，早就天天在河边沙滩上看战士们的一招一式，模仿着那一招一式。

妇女们要比男人们、孩子们想得多，想来看热闹，还又顾及面子，不好意思。妇救会理解她们，组织她们，瞅准练兵的工夫，跑到士兵们住的地方找出脏衣服、烂被子，又洗又缝。

一到休息时间，士兵们自由活动了，有的凑到一起说笑，有的在沙滩上逗孩子们玩儿，也有的余劲未消，两个人抱在一起摔跤。在欢乐中送走疲劳。

横河村前的沙滩，自从有了八路军练武，便吸引了这一带山乡的百姓。一队队优秀儿女，披红戴花地走来了，他们集合在这里练抗战硬功，再从这里往各地传播抗日的道理，撒播抗日的种子。

来这里观看练武的人群中，也有李开田的妻子，后来起名为明德英。没人专门告诉她，说这里有八路练武。她是无意中看到的。那是头几天的一个早饭后，刚满3岁的儿子长俊，长得虎头虎脑，很叫人喜欢。听到外边有动静，就跑到门外看热闹。只见一队队人马开往南河滩。忽然从后面跑上来一个战士，抱起他就走，不一会儿就到了练兵场。明德英转眼不见了儿子，便随着踪迹找到了南河沿，一眼便看到了儿子长俊在同八路军战士们玩儿。等她跑过去时，一位士兵拿下自己的帽子，戴在小长俊的头上，还把自己腰间的武装带解下来，扎在小长俊的腰上。霎时间，3岁的小长俊变成了小八路军战士。明德英走过去，见儿子那副模样，高兴得"哈哈"大笑，弯腰抱起长俊，站在旁边看。

那边集合操练的号声响了，可急坏了小八路，忙跑上来从小长俊的头上要回帽子，又从他腰间取下武装带。如此耽误了几分钟之后，那位令士兵们发怵的"老丈人"，竟没动声色，还投给那位小八路一个笑脸。

这位小八路名叫王坚决，是山东德州陵县人，长得方脸大耳，眉清目秀。个头虽不高，却膀阔腰圆。最叫人喜欢的是他的脑子聪明，反应敏锐，接受能力强，刺杀、射击、投弹的动作要领，一教就会。一年前，"老丈人"路过陵县时，在野外路上见他正在放牛，脸上青一块红一块的，像是刚被人打过。就同情地问他年龄、姓名、家中情况。头一回遇到关心冷暖的好人，王坚决像见了亲人一般，"呜呜"地哭了起来，他哭诉狗地主爱打就打，想骂就骂的罪行，他指指自己的脸，又伸出胳膊，卷起裤筒让他看腿，到处是青一块紫一块的。当他知道这个人是从太行山那边过来的八路军时，把牛一扔就跟他参了军。经过摸爬滚打，艰苦磨炼了一番之后，如今成了"老丈人"的得力助手，不仅动作准确，还喊得一口好口令。训练时，"老丈人"发出的口令，字正腔圆，预令、动令，节奏分明，他是打内心里喜欢这个小伙子。王坚决原名王三脚，因为从小机灵、壮实，三脚踢不倒。跟了"老丈人"后，给略加改动，就成了王坚决，意思是坚决抗战，一定打败日本侵略者。王坚决今日做的事，"老丈人"很明白，他是在密切联系群众，使老百姓尽快地了解八路军，这种关系越密切，八路军的根基越牢固。

王坚决回到他的身边，先敬了个礼，意思是回来了，请批评指示工作。这时"老丈人"脸上严肃起来说："把军帽和腰带送回去！"不由分说，王坚决又向村边跑去，边跑边从腰间解下腰带，小长俊高兴得咧开嘴直乐。妈妈看得出，这些练武的人都是好人，就不加阻拦，任孩子去玩儿。

练兵场上又开始了新的操练。小长俊因为戴

了这么一顶显得格外大的军帽而洋洋自得，别的孩子趴在沙滩上，目不转睛地看。他呢，则举手投足、一招一式地学着叔叔们的样子练。他似乎要告诉人们，从老百姓到八路军，就这么简单。明德英不会说话，但她从周围男女老少的脸上，看出一种信任感和自信心。

天近午，李开田从外边干活回到家，见哑妻不在，孩子不在，忙到村前练兵场，一眼便被热火朝天、龙腾虎跃的场面吸引住了。他看到自己的儿子在队列的最头上，学着叔叔们的样子比划，也看到妻子在人群中，咧着嘴看得入了迷。周围的一位大哥告诉他，说他孩子的军帽、武装带是八路军给的。那位大哥也不知内幕。一向老实、憨厚的李开田一时更摸不着头脑了。

明德英小跑着回到家，刷锅、添水、点火。望着飞出院落的青烟，想起在河边沙滩上的儿子，想起跟儿子一起练武的士兵们，想起给儿子腰带、军帽的军人，像是看到他们正汗流浃背，口干舌涩。一颗母亲的心滚动了。她又拿起水瓢，往锅里添水，直到锅满为止。她又往锅底下续柴，让火苗冒出灶膛更高。

水开了，冒起白色的浪花。明德英把水装进两个罐子里，又顺手拿上几个饭碗，放在水瓢里端着，然后挑上开水，直奔练兵场。

"老丈人"站在最高处，面对习练的士兵，最先看到一位少妇挑着两罐茶水正往这边走来。他以为是后勤供应的安排，又估计是村妇救会上的安排。当他看到是刚才那位抱孩子的哑妇在为士兵们送水时，心中一阵感动。他让战士们休息、喝水、自由活动。自己走到哑妇面前，脱下军帽，恭恭敬敬地行了一个注目礼。

明德英明白他的意思，笑着向他摆了摆手。

战士们喝上了甘甜的茶水，一个个笑开了怀。

唯独他们的总教练"老丈人"不笑。战士们知道，他是个很少露出笑脸的教官。他是河北人，从小给地主扛活，挨打受骂，积压着一颗对现实不满、想要反抗的心。时间长了，心态变了，变得疾恶如仇，似乎只要世上还存在不平事，他的气就出不来。所以，他拼全力练武，专心传武艺。人们未见他发自内心地笑过。偶尔遇到个笑料也笑不出来。今天，大家都笑了，他也想笑，却有一股热流涌上心头，涌进鼻腔。他说不出话来，忙解下腰间的武装带——那条显示八路军与老百姓的区别物，又拿下头上的军帽，双手捧着，送给这位不会说话的少妇。

那些干渴了一上午，习练了一上午刺杀的战士们，看到自己的总教官如此深情地对待一个送水的村妇，一个个感动了，他们轻轻放下手里的大黑碗。

王坚决走到总教官身边，然后转回身，向着

全体士兵发出一个响亮的口令："立正！同志们，向人民——敬礼！"四百多位士兵，齐刷刷地抬起了右臂，向着明德英，向着横河村民，向着刚刚开辟的根据地的人民，表示了最深的敬意。

训练场上的一幕，把驻军和人民群众联系得更紧了。

小长俊迷惑不解。但他看到了，妈妈送水给八路军叔叔喝，全村独一个，妈妈真了不起。

➡ 祖莹卫士

★★★★★

（29岁）

流经横河村前的那条河，往西南约一里地，就是王家河。王家河源于北大山，由北向南，注入汶河，然后汇入沂河。顺着王家河往南约一里地，河西有一块莹地，那就是横河村李家的茔地，老百姓称"李家林"。李家自从有了这块林地，逢年过节，老人病逝，一早一晚总有人到这里来烧香、烧纸、磕头。唯有一个缺陷就是没有个看林的人。

李开田自幼失去父母，有一副结结实实的身子骨，腿脚又灵便，给人家放牛、放羊，满山跑。在这一带山乡，家家喂牛羊，有人手的，自己成群放牧。没人手的，三只、五只，几家子凑成一群，找个人合群放牧，管人家吃穿。李开田就是被人找去合群放牧的。一年又一年，习惯了游牧生活。然而，无远虑者则有近忧，李开田年年放牛羊，没积攒下家产，靠乡亲们帮助，四十多岁才成亲，

△ 李家林地一角

虽在大伙帮助下盖起一间屋，可婚后有了孩子，附近又无地可种，往后怎么生活呢？

不知是谁最先想出一个法子，几经酝酿，最后请几个年岁大、辈分大的一合计，决定叫李开田到祖林上安个家，看好祖上林地，那120亩地就归他种，其中的树木由他管理。李开田知道全李家都是为他好，就满口答应了。他想过，到祖林上去，一者为李家办事，是积恩积德，也是报恩报德。二者还能安家立业，养儿育女。要说那个环境嘛，是单门独户的，白天还好，晚上就风声紧，林涛吼，豺狼狐兽都有。可他李开田就生活在大山里，一个人跟牛羊打交道，从没感到孤独寂寞。他一个人曾跟饿狼搏斗过，也曾在深更半夜到山中寻找落伍的羊羔，从没害怕过。所以，要说到林地看林，没有比他更合适的。

听说李开田要到祖林上去安家护茔，兄弟爷们儿有一番难分难舍的心情，不过转念一想，如此安排，于他、于李家、于后代都有益，也别无他话。只想为他安家再出把力。

安家就要建房。建在哪个地方呢？这片茔地西高东低，靠北头有一东西走向的水沟，那是夏季山洪冲刷的一条水道，平时无水，雨天才有水。就决定在水沟北沿，靠西北角的地方建房子，恰与横河村相对应。

选好地址之后，众弟兄七手八脚地搭扎起一个团瓢。这是山里一种构造简单的房子，分上下两部分。上部分用略粗的木棍制成一个四方框架，然后用较细的木棒，在框架上钉结实，上头汇集在一起，成一个圆锥形，再用草苫子自下而上地封盖起来。下部分可用石头垒成墙，也可在四个角上设立柱，周围用秫秸、树枝或草围起来，用泥抹平。然后把两部分合在一起，固定好即可。

从此，李开田一家住进了李家林地，当上了祖茔卫士。

每天，老家来人，李开田就让明德英烧水，端茶。人走之后，他就跟明德英刨地开荒。春天，他们在大片田里种高粱、谷子，秧地瓜，在坟茔间隙里，种瓜点豆。明德英什么活都会干，又肯吃苦。他们还去林里栽枣树、桃树、杏树、梨树、山楂树等。李开田还专门在林地西北角的高坡向阳处，栽了一大片旱烟。这里的旱烟因土质好，味道很香，能与关东烟相媲美。自此后，谁来这里，明德英如待客一样端水倒茶，李开田就点火递烟。赶上饭时就一起吃饭，一年四季不断鲜水果。晚上，刚去世老人的子女要到坟前点火，李开田就领着明德英过来，结伴守候到深夜。许多次，点火护林的人回去了，李开田还不轻易离开。有一天晚上，他和几个兄弟在坟前守护到深夜，送走他们之后，李开田影影绰绰之中看见一个东西一闪而过。定神一看，是一只野狼窜到新坟前边，一会儿嗅一嗅坟土，一会儿用前爪子扒土。他忽然想起来，这是狼嗅到死尸气味之后，要扒坟觅食。说不害怕是假的，李开田一想到这些，头发都竖起来了，浑身起了一层鸡皮疙瘩。可既然李家把祖茔交给了自己，就得尽到责任，护好死人，才能对得起活人。想到这里，他跑到院子里，一手拿起一个木棍，一手举起一根火把，冲着新坟就跑过去。那只饿狼怕火，更怕活人，见李开田冲过来，吓得拔腿就逃，远遁而去。自此，每天晚上，明德英陪同李开田在茔地巡视。

明德英家门前那条沟，每到冬春干涸的时候，就是狼、狐、野兔到王家河喝水的路。自从明德英一家住到这里后，每天晚上就在门前不住地打火，抽烟，过去没有火柴，全靠火镰碰撞火石生火。李开田不住地打火，"咔咔"声，如同雷鸣，那迸发的火星，一串串，一点点，如同闪电，将生来就对火最为敏感的狼、狐等畜生们吓得改了道。

李家林中，坟茔平安，李开田家五谷丰登。横河村的父老兄弟，家家烟火旺盛，日子红红火火。

拥军情怀

(1941—1944)

→ 编外哨兵

★★★★★

（31 岁）

　　李开田搬进林地去住，耕耘着那一片土地，守护着那一片坟茔，觉得日子过得挺顺当。可是他处在一个动乱的年代，日本侵略军把战火直烧到他的家门口，他也是难得顺当的。

　　1941 年 11 月初，侵华日军为摧毁沂蒙山区抗日根据地，调集在山东境内的四个师团和三个旅团，以及伪军共计五万余重兵，配备飞机、坦克，在其"中国派遣军"总司令畑俊六的指挥下，对沂蒙山区进行了空前残酷的大"扫荡"。一开始，采取分进合击，远距离奔袭的战术，直指山东党、政、军首脑机关和八路军主力部队。此时，中共山东分局、八路军一一五师师部和山东纵队指挥部，被压缩到南北不到 40 公里，东西不足 35 公里的地盘上，我党、政、军首脑机关又全部集中在以马牧池为核心的一带山区，山东纵队司令部就驻扎在这里。平时在四周的山头上布有瞭望哨。方圆 10 里的路口上，布有交通岗哨，在马牧池村周围，则布有联防队的岗哨和巡逻兵。李家林与马牧池村隔河相望，分居东西。住这里的李开田和明德英夫妇，一出屋便能感受到剑拔弩张的局势。即使不出门，他们也是处在一触即发、即时而发的战斗氛围之中。为此他们也随时把自己当成一名战士，李开田每天就有两件事：一是当战地交通员，打探情报，传递信件。二是抽时间干点儿农活。明德英在家也有两件事：一是照看两个孩子，二是在河西一带当个编外卫士。

金秋过后，眼看驻马牧池的山纵司令部日夜增哨加岗，人员出出进进，李开田知道形势吃紧。他用手势告诉明德英，要看好孩子，随时可能有情况，不能叫大儿子到远处玩儿，二儿子才 1 岁多，要不离左右。

明德英看明白了，就照丈夫说的办。白天黑夜地关心着河对岸的领导和士兵。白日里除了做饭那一会儿外，总要到外面去四下里看看，仿佛有什么不测风云随时要飘过来。她一会儿到林间装着挖野菜，一会儿到山坡装着拾柴火，一会儿又拖着两个孩子到河边走走，反正她不在屋里闲着。晚上，两个孩子睡下了，她就陪着丈夫坐在坟茔外的空地上闲坐，丈夫抽烟，她就注意周围动静，有时把目光投向很远很远的地方，生怕突然从远处窜出一只或者一群野狼。

一天傍晚，她从西边约二里路的山梁上往家走，忽然发现她的东南方不远的地方，有一个人趴在一块大石头后面，偷偷地向东张望，很长时间身子连动也不动。那个人面对着的是八路军领导机关，她断定他不是好人。因为好人都面向外，十分警惕地四面观察，而这人面向指挥部，聚精会神，一动不动。想到这里，像是看到有许多许多的敌人在向指挥部进攻。于是她急忙回到家，报告了李开田。李开田知道妻子看事没错，立即到河东报告了联防队，联防队领导当即部署，传令各路哨卡，加强防范，注意搜索。于当天夜里，在20里以外的圈里村，抓到一个企图向驻在蒙阴城的鬼子通风报信的汉奸。经审问方知，那个人就是岸堤村一个地主的小儿子。他听说马牧池街驻着八路军的一个指挥部，为探听虚实，曾几次试图接近，但都没成功。这次，他利用傍黑出村，转出几十里，从蒙阴与沂南两县交界的群山之中，走小道，避开各路哨卡的盘查，来到马牧池西部的王山西侧，选了一个制高点，在哨兵视力不及的死角，用了一天工夫，在傍晚赶到马牧池西部的小山梁一侧，选了个有利地形，边观察边记录，还画下了一个迂回进入马牧池的路线图，便匆匆而去。他怎么也想不到，红嫂明德英那么有心，竟一眼看破。

司令部的领导从那个汉奸的供词中得知，他是利用山中的特殊地形，迂回接近马牧池的，无人发现。只在傍黑时见到明德英领着小孩拾柴火，因为从小在一个村上，非常熟悉，以为她不会说话，也不懂敌我，不会出事。结果还是出事了。为此，负责驻地保卫工作的警卫队领导专门找到李开田，表扬他家为根据地建设，为领导机关的安全立了大功。

 # 乳汁救伤员

★★★★★

（31 岁）

侵华日军在沂蒙山区找到了中国共产党领导的抗战主力，也受到了一次又一次的重大打击。在他们来看，数万精锐陷入弹丸之地，难以自拔，不仅是奇耻大辱，甚至是灭顶之灾。

1941 年 11 月 3 日晚，盘踞在蒙阴的大批日伪军秘密出动，不走大路，不经村庄，于 4 日拂晓，突然包围了驻在马牧池村的山东纵队司令部。说来也巧，或许是第六感官的灵气，这天明德英一夜没睡好，朦朦胧胧之中，只觉得好像要出大事。她天不亮就披衣起床，走出屋门，来到院子，又到茔地边寻看了一圈。当她信步走上茔地西北角高坡，想居高临下看看河东岸的战士们是否起床操练时，还没来得及回头，便见从西边的王山脚下，影影绰绰过来一队人马，一时难以分辨好人坏人，但凭前几日见到那个密探的直观感觉，她估计，十有八九是鬼子、汉奸从小道上过来了，是来对付我八路军的。她立即返身回屋，叫起李开田。

△ 安放在红嫂纪念馆中的雕像

李开田在战争环境下生活了几年，警觉性很高。一骨碌爬起来，拿起衣服边穿边跑。远远往西看去，禁不住大吃一惊，倒吸一口凉气。那边自西向东，黑压压的一片，离李家林至多一里地，前边的已经卧倒，后边的正弓着腰小步前进，往这边靠拢。再看河东的部队，却悄然无声。他由此又想到，万一马牧池村东的小山上也有敌人，干部战士们往西突围那可怎么办？无论如何，他要尽快冲过河去报告这边的敌情。

李开田忽然来了勇气和力量，蹲下身子，一骨碌滚进门前的大沟，又猫起身子，飞速地沿沟往河边奔。快到河边了，有一段河滩，过去这一段河滩，还有七八米宽的一段深不过膝的明水河。那段河滩难免暴露目标。他想到，他可能过不了河就被鬼子开枪打死。可他也想，一旦鬼子开枪，山东纵队领导和战士们就知道这边有鬼子了，就不再向这边突围。纵然是自己死了，能保住领导，保住战士们也值得。想到这里，他直起身子，猛地跃过沙滩，又趟过浅浅的河水。敌人发现他了，一声枪响引起枪声大作，但没有敢往河东追他的鬼子。听到枪声，他反而更加来劲儿了，只几步，就跑出对面的沙滩，进入了一个果园，一转弯进了村，来到山纵司令部门前。他的情报太及时了，正在研究决策的领导，根据周围枪声，当即决定机关全体指战员及一团、二团，集中兵力，分散向东突围，不一会儿就冲出鲁寨山，转入安全地带。

在河西李家林地以西的日伪军，见我八路军已远走高飞，很快撤出战斗。

村东的鬼子却步山纵的后尘冲进了村子。

为掩护大部队突围的战士彭小春，在完成任务，准备撤出战斗，跟上部队时，被两个鬼子发现了。他机警地折转身，从村东跑到村西，飞速越过河边沙滩，又跃过浅水河面，就在他将要跑出河西岸的沙滩时，两颗子弹向他飞来，一颗击中右臂，一颗击中右肩，他一个趔趄跃入通向明德英门前的水沟，然后钻进李家林地。

鬼子见只有一个八路，胆子大起来，端着枪尾追不舍，河边上，沙滩里，脚下高低不平，两个鬼子一不留神，不见了小八路。

彭小春借着林中树木和坟茔对追兵视线的干扰，迅速地躲闪和周旋。他猛然间发现，在林地北头的林荫处有一间团瓢屋，便跑了过去。

眼前发生的一切，明德英看得一清二楚，她顾不上带着孩子到山里躲藏，也顾不上自己容易暴露在鬼子面前。她知道，迟疑一下就会招致杀身之祸。见战士跑了过来，上前一把抓住战士的胳膊就往团瓢屋里拉。进了团瓢屋，她示意彭小春快躺在床上。然后她把两个孩子正盖着睡觉的一床又脏又破的被子，拉过来给他盖上，又把两个孩子拉进战士的被窝里。随手端起床前的尿罐，不慌不忙地走出团瓢屋，越过门前的横沟，朝着林地边上的麦田走去。动作是那样的干净利落，神情是那样的大方从容，像刚才没发生任何事情一样，丝毫看不出这是在敌人刺刀下的斗争。

　　两个鬼子进了林地里，在坟茔之间转了又转，找了又找，终不见八路军战士的踪影，最后朝着团瓢屋走来，正碰上明德英提着尿罐往麦田地里倒尿。鬼子兵跟她说话，她不理睬，再一看知道她是哑巴，比划着问她："见没见刚才一个八路？"她很明白鬼子的意思，学着他们手中的"八"字形，故意用手往西山梁那个方向一指，鬼子在团瓢屋前转了又转，低头朝里看了又看，那团瓢屋门低矮得低下头也难以走进去，可蹲在门外却能将里面的一切看清楚。然而，鬼子怎么也不会想到，被他们视为傻瓜的哑巴，竟能像阿庆嫂一样，在他们的鼻子底下，从从容容地藏起了一个八路军伤员。

　　鬼子顺着明德英手指的方向朝西追去了，明德英心里却很明白，一旦鬼子发现上当，卷土重来时又是一场灾难。那样，不仅身家性命危险，而且保不住战士的生命。她果断地跑进屋内，揭开被子一看，彭小春由于伤口流血疼痛，已经昏迷不醒。她推呀推，喊呀喊，仍是不动。她急了，拉起他的左臂朝肩上一扛，顺势一弯腰，背起战士就走，一口气来到坟地里，安置到一座空坟中，旁边有一堆高粱秸和黄草,是秋后割下来准备修缮房子的。她三把两把给堵住了空坟门口,然后拍打拍打身上的草刺、草叶,若无其事地走回团瓢屋。

两个鬼子不知道追到什么地方,再也没回来找她算账。

明德英坐在门口哄着两个孩子玩儿,时近中午,仍不见动静。她到西边的山梁上,往远处望,只见西山上,沟底里有拾柴老农,再往四周看,陆续见到行人,各奔东西。

最不放心的是藏在空坟里的伤员,她从西山上三步并作两步地赶回来,当她拉开黄草,看见彭小春时,不由得大吃一惊。只见他躺卧的地方,流在地上的血,紫红紫红的,脸色腊黄。她上前推了推,战士仍一动不动。她俯下身子把手捂在战士的鼻子上,发现战士还有微弱的呼吸。见战士还活着,她为之一振,但不知道怎样才能让战士睁开眼睛动一动。她用手扒开战士的眼皮,像医生翻开危重病人看瞳孔一样,看见眼珠一动不动。她猛然想起该看一看战士的伤口,便解开战士上衣扣子,只见伤口血肉模糊。她把战士的身体往自己怀中一拉,随即拉出右臂。这一动,刚刚止住血的伤口流出血来。猛烈的剧痛,让战士醒了过来,定神细看,见是刚才那位哑妇,张了张嘴,没说出话来,又昏了过去。明德英却从他那一张嘴的微弱动作中,看到了生命的希望,同时也看到战士嘴唇已经干裂,舌头干得连一点唾沫都没有。她知道,若是此时给他一口热水喝,战士定会立即清醒过来,可丈夫和孩子都不在,等自己回家烧水，时间肯定来不及，左思右想，实在没有法子。不能眼看着战士受苦，更不能就此拖下去，让战士死在自己的怀里。此时，一种母亲特有的心肠，一种母亲为亲生儿女献身的精神袭上心头，河滩练兵场上儿子跟随战士们练武的一幕又展现在面前。顿时，她感到怀里的伤员不是别人，就是自己的儿子，正是急待喝一口救命水的儿子。于是她毫不犹豫地解开自己的衣襟，拿出只有在同性面前，只有在丈夫面前，只有尚在哺乳的儿女面前才能拿出的乳房，塞进战士的嘴里，让一滴滴甘甜的乳汁，流进战士的口中，滋润战士的肺腑，唤回战士的生命。

几千年的封建伦理道德，一向视露乳如失节的中国妇女，在民族危亡的关键时刻，在亲人生死未卜的紧要关头，却能迸发出超时代、超常规的力量。有了这种力量，人伦、道德，不再受到歪曲。她表露出的是一种大无畏的民族气节，是人类神圣的母爱，在这种纯真的母爱面前，没有人去亵渎那内含的自尊。

一滴乳汁，一腔情怀，芳馨入脏腑，肝胆照人寰。战士醒过来了。当他意识到滋润他生命的是这位哑妇的乳汁时，千重情义聚集心头。他把她比作母亲，比母亲还亲。他在自己的全部记忆中，包括自幼所听过的全部救人的故事中，古代的、现代的，从没听说过一个妇女用自己的乳汁去救活人命的。如此人间没听过、没见过的真情，他见到了，倍感自身生命的价值。那是母亲的血肉，是民族的寄托。他不敢相信这是真的，可口中分明还有甘甜和芳香。任何什么感激的话语也说不出来了，浓情化作一长串泪水，大滴大滴的热泪，从他的眼角像断线的珍珠，滚到明德英的手上、胳膊上。

傍晚时分，跟随山东纵队一起突围的李开田回来了。明德英向他述说了白天发生的一切。她说的故事中，有些情节他也弄不明白。她领他到空坟中看了看，见伤员身子下边的草太薄，两人又到林上抱了两大抱黄草。明德英做了一碗热汤给伤员喝下，又端来一盆盐水为伤员洗了伤口，又外敷了沂蒙山特有的马勃灰粉。

一连五天过去了，明德英每天为战士彭小春做三顿饭，送三次茶水，晚上跟李开田一起为他洗伤口，敷药包扎。为了让战士尽快恢复健康，她让李开田把一只老母鸡杀了。然后，耐心地用文火细熬鸡汤。两个孩子闻到香味，凑过来想吃，她不给；想喝一口汤，她不给；想啃块骨头，她也不给。她每天熬三次，每次盛给伤员一碗，一只鸡足足熬了三天，战士喝了三天。伤口见好，周围长出淡红淡红的、鲜嫩鲜嫩的肉芽。她心里高兴，又让李开田杀了一只老母鸡。

半个月过去了，彭小春的伤口已经封顶结疤了，用手轻轻抚摸已不怎么疼了。他开始帮李开田做事，晚上一起看林点火，实在困了，两个倒头睡觉。他们像父子一样促膝长谈，谈他的家境，谈他的遭遇，也谈他的感激之情。他要回部队向自己的领导汇报明德英用乳汁救他的慈母之情，他要向领导表示为母亲而战的决心。

听说彭小春的所在部队已开往海边一带。李开田把秋天收下的土烟叶，装成两副担子，与彭小春装成父子俩赶集卖烟的庄户人。起大早赶路，走出四十多里，过了沂河。在长虹岭顶上，李开田停下来，看看天色近午，拿出一包袱煎饼，然后说："再往东就是浮来山，进入莒县地界，还是敌占区，你一定小心。看看不行，白天就住到老百姓家里，晚上走路。"临分手了，彭小春扑到李开田怀里，哽咽着说："老爹，我一辈子忘不了您和我娘的恩情，抗战胜利了，我一定回来看您，当您的孝子。"

⊙→ 患难与共

★★★★★

（32 岁）

1942 年 10 月，侵华日军华北方面军司令冈村宁次秘密集结了两个师团及两个旅团，妄图对沂蒙山区抗日根据地再次进行残酷的大"扫荡"。与以往的"扫荡"相比，这一次增添了"声东击西"、"分进合击"、"梳篦扫荡"、"拉网合围"等花招，主要企图还是消灭八路军有生力量和首脑机关，实现其推行的"治安强化运动"。

在这次"扫荡"中，山东纵队军医处一所香炉石分所看护员庄新民和伤病员被冲散，卷进逃难的百姓之中，统统被抓了起来，押到了沂水城。

李开田在被抓的人群中，仔细观察每一张面孔，他只希望被抓来的全是当地老百姓。

然而，令他惊讶的是还有一个八路军战士。

　　这个小八路，个子很小，体质很弱，万一被鬼子看出来就没命了。李开田从拥挤的人群中，挤到这个小八路跟前，一只手紧紧地把他揽在怀里，他感到这个小战士身体在抖动，热得烫人。一种父辈特有的慈爱涌上心头。在李开田温暖的怀抱里，他感到了宽慰。

　　李开田悄声地问："你叫什么名字？"

　　小战士轻声而果断地回答："我叫庄新民！"

　　"如果敌人问你，就说是我的儿子，我叫李开田，儿子是'长'字辈，名叫李长俊，你叫庄新民，

△ 明德英、李开田救助过的八路军战士庄新民和他的爱人郑全英，儿子庄举华。

就叫'李长民'吧!"

庄新民点点头。

"还有,敌人问你多大年龄,你就说 12 岁了!"

庄新民又点点头。

"还有,鬼子若是问你家里还有什么人,就说家中还有个弟弟,娘是个哑巴。"

庄新民连连点头。

鬼子把他们带到一个破庙里,开始一个个地审问。先审的是一些年轻力壮的男性百姓,审不出什么,就推出门外。庄新民本来就身单力薄,加上连发几天的高烧,更是面黄肌瘦。

鬼子把他推进屋,问他:"叫什么名字?"

庄新民清晰地回答:"我叫李长民。"

鬼子又问:"多大了?"

庄新民有气无力地回答:"今年 12 岁了。"

鬼子又问:"家里有什么人?"

"有爹,那不——"庄新民用手一指站在门外的李开田说:"就在门外头。"

鬼子又问:"还有什么人?"

"还有一个弟弟,还有俺娘,俺娘是哑巴。"庄新民对答如流。

鬼子看了看面前这个小孩,听了他流利的回答,找不出丝毫的破绽,手一挥,一旁的鬼子把他推出门外。

一天早饭后，敌人把他们赶到院子里，让他们排好队。然后一个鬼子左手拿一个盛漆的盘子，右手拿一支毛笔，在每个人的额头上都点了一笔红漆，然后用一根绳子捆手，人连人，手连手。同时让他们牵着同样用绳子连着的在大"扫荡"时抢来的牛马驴羊，在持枪荷弹的鬼子押送下，送往泰安城鬼子的司令部。

从沂水城到泰安，足有三百多里路程，李开田和庄新民及近百名被抓来的群众，拉着大队的牛驴，想急走，牲畜不听话，想慢走，鬼子不答应，自己也实在没力气，真是要死不能，要活又十分艰难。

大约走了七八天，总算到了泰安城，交上了牛羊。一个翻译对他们说："你们都是'良民'的，可以走了的。"

一直与庄新民患难与共的李开田，听到鬼子翻译的话，开始不相信自己的耳朵，忙转过头问庄新民："他说的什么？"

庄新民回答说："说的是我们把牛驴送到了，可以走了。还说咱们是良民。"

当李开田弄明白可以走的时候，立即拉上庄新民，连头也没回，大步走出泰安城。

一路上，他忘记了疲劳，忘记了饥渴，想到

的和随时照料的就是正在病中还不敢呻吟的小八路军战士庄新民。他有几次走着走着，觉得庄新民这孩子太可怜，鼻子一酸就老泪纵横。

庄新民不知李开田是为他落泪，但总觉得这老人对他有一股特殊感情，像他的生身父亲，却又不像父亲，父亲不如他那么像母亲一样的温存，他很像父母亲加在一起对自己的关心和体贴。所以，每当最艰难举步的时候，他就把李开田当做比父母还亲的亲人，当做精神支柱，当做坚强的后盾。而每逢这样做的时候，就从心里头往外发热，就驱除了疲劳，赶走了寒冷，浑身有无穷的力量。

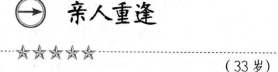

亲人重逢

★★★★★

（33岁）

离开泰安城，走在田野和山间小道上，

李开田和庄新民心里敞亮多了，像飞出笼中的小鸟一样，喘一口气也觉得那么清新和舒畅。

从被抓的那天起，李开田和庄新民这一老一小像亲父子一般，形影不离，百倍警惕，眼观六路，耳听八方。目睹了敌战区的恐怖，心中留下了不安的阴影。

在往回走的路上，李开田心里时刻装着庄新民的生命和安危。他领着，不，是扶着庄新民，不走大路，专拣小路走。遇有大村镇，见有鬼子的炮楼，老远就绕道走。白天怕鬼子看见，改为夜间行走。田间小路，崎岖不平，晚上走更是深一脚浅一脚。庄新民的双脚起了重泡，水泡破了起血泡，血泡破了起脓泡。脚后跟先化浓，疼得钻心，疼得坐在地上哭，令他伤感和疼痛的事情太多了。李开田劝他，劝不好，就陪着一起哭一阵子。

晚上天气寒冷，停时间长了，浑身哆嗦。李开田就弯下腰，背上他走一程。李开田走累了，庄新民更冷了，就扶着庄新民走几步。渴了，吃几口雪，遇有山泉水就喝几口。饿了，李开田把庄新民安置好，自己到附近村里要饭，要一个红薯掰两半，爷俩分着吃。就这样夜行晓宿，走走停停，星星伴随他们，北风助推他们，黑夜护送他们，不知兜了多少个圈子，不知走了多少冤枉路，也不知阴历阳历，不知何月何日，只知道追星赶月，只盼着太阳晚升早落。三百里山路，如同上九天揽月，在他们脚下，多走出三百里还要多。直到快过年的时候，才走进马牧池的地盘，看到根据地的蓝天，听到山中指战员们的呼号声。

李开田走进自幼放牛放羊的山山水水之间，看到那熟悉的山间小道、树木、山草，看着由他一路风尘背着、领着、扶着、拖着终于回到家的小八路，从来有泪不轻弹的李开田眼圈红了。他真想哭，不是为那么多的磨难，那么多的痛苦而哭，他是为他和庄新民能活着回来而哭，他是为自己在这次灾难中所做的努力，所获得的成功而哭。他还为什么哭？他说不清楚，他也不想说清楚。他只是想让家人、让乡亲、让领导知道，他和小八路活着回来了。

是一种亲情的诱惑，还是生命活力的迸发，李开田和庄新民忽然觉得脚下生风，全身轻松，一口气走出20里。东方刚刚发亮，他们翻过李家林地西边的那道山梁，看到了李开田那林地边上又低又矮的家。

李开田指着林地北边的小屋告诉庄新民说："新民，咱们到家了！"庄新民顺着李开田的手指往前一看，那在沂蒙山区司空见惯的团瓢屋，门前有一堆黄草，还有一堆秫秸，没有院子，但团瓢屋门前那块平地，光滑光滑的，像个场院，是沂蒙山中那种最贫穷的农民之家。

李开田领先走进屋内，庄新民再看这个家，觉得跟其他穷老百姓的团瓢屋没什么两样，门口很小，很矮。李开田个子大，弯下身子才走进去，不一会儿，明德英随李开田出来，搀扶着庄新民走进团瓢屋。他俯下身子，想看看家中的孩子，还没来得及看清脸面，只觉得眼前一黑，浑身立刻瘫软，就什么也不知道了。

出于母爱的敏感，明德英到床前看了一眼庄新民，又推了一把。李开田拉了拉明德英的衣角，意思是告诉她："这孩子路上累过头了，就让他痛痛快快地睡一觉吧！"明德英明白了，忙把屋门关严，不让冷风进屋，又生着火烧水。李开田则就着庄新民的昏睡劲儿，把他抱上床，又拉过孩子的被角给他盖上。他看着一顺头的三个孩子，一阵高兴又一阵心痛。

锅里的水开了，庄新民还没醒来。

地瓜饭熟了，庄新民还没醒来。

明德英没有吃饭，就坐在庄新民的旁边，不转眼地看着他。她发现庄新民面色苍白，颧骨老高老高，呼吸均匀但很是微弱。她拉了一把李开田，然后指了指门前的李家林地，又做了一个睡觉的样子，意思是说这个孩子跟临死的人差不多，怕是只有一口气了。看着看着，母爱的怜悯爱惜之情涌上心头，不知不觉两行热泪流向腮边，落到床上。

→ 母爱如金

★★★★★

（33岁）

庄新民的双脚必须快洗，快烫，快治。吃过饭，明德英赶快刷锅烧水。水开了，明德英拿过一个盆子，抓上一把盐。

庄新民还是没有醒过来。

李开田想了想，决定叫醒庄新民。可推了推，叫了叫，庄新民仍是半昏半迷地睡。

治病烫脚要紧。李开田抱起庄新民，让他躺在自己的怀里，然后示意明德英把水端过来，并用一块粗布当毛巾给他热敷，往脚上撩水。

庄新民脚上没有袜子，一双鞋后跟早磨出了窟窿。李开田在路上撕下自己的袄大襟给他当了包脚布，早已同庄新民脚上的脓血沾在一起，此时已无法解下来。李开田拿着庄新民两脚往明德英面前一伸，叫她用热水慢慢浸泡。

不见则罢，明德英一看庄新民那两只脚，不禁"啊"地喊了起来。她手拿布巾，在热水中洗洗泡泡，往脚上滴滴热水，敷一敷。水凉了就再换一盆，好大一会儿才把脚上的布取下来。只见庄新民的脚上，除了血泡、脓泡以外，还有一个个被石子、树刺穿破的血口子，老伤口被热水一烫都发了红，新伤口被水一泡，接着流血。连十个脚趾上也打起了血泡，肿得分不开脚丫子，也不像个脚样子。明德英心痛得哭了，她哭得放下了手上的布巾，两手抱住庄新民的脚，把脸贴在了脚上，两行泪顺着庄新民的脚流进热水盆里。

李开田也哭了，他也心痛。他知道庄新民一路是怎么走的，更体会到在鬼子刺刀下走路的屈辱。此时，他的心静下来了，心痛庄新民的脚伤，更心痛他心灵的创伤。他觉得这两个月，过着牛马不如的日子，一股患难与共的感情把他与庄新民联系得更紧更近了。他紧紧抱着庄新民，让眼泪随意地在脸上流，落在庄新民的身上。

明德英哭了好一阵子，多少心里话随着泪水一起表达了出来。她又在盆子里换上热水，又加上一把盐，再轻轻往脚上滴水。有两个泡的表皮裂开了，露出了下边的血泡，老百姓叫这泡重泡，正往外流血水，她用手轻轻按了一下，想把泡里的脓血挤出来。她知道，坏脓坏血必须挤出来，脚伤才能好，若是靠脓血自然地流出来，那要不知道多长时间而且还流不干净，脚伤好得就慢。可她的手刚触到脚，昏迷中的庄新民就一蜷腿，像是疼痛，她又把手缩了回来，脓血还在流。

像当年冲破几千年封建桎梏，乳汁救伤员一样的勇气和果断，明德英的泪花还含在眼里，那中国妇女独有的慈爱，那沂蒙山根据地独有的子弟兵情怀，使她忘掉了一切。只见她双手抱起庄新民的一只脚，把正在流脓流血的伤口放在嘴上，用嘴往外吸脓血。吸出一口，吐到地上，又吸出一口，又吐到地上。

这位母亲，曾经以她那颗慈祥的心，满怀对未来的憧憬，口对口地喂养过她的婴儿，为李家延续后代。

这个母亲，曾经以母亲的情怀，用她的乳汁救过奄奄一息的伤员。

这位母亲，此时又以她那慈祥的心，满怀对革命胜利的期盼，用口为战士疗伤治病。

此时此情，母子两颗心，军民一家人。明德英用她的心，用她的温暖且有力的口舌，在庄新民的病脚上吸了一口又一口，吸出了脓血，吸干了一个又一个血泡，然后用干净布包扎起来。

庄新民的脚柔软多了，疼痛也轻了许多，慢慢苏醒过来。

明德英把地瓜饭热了，端给庄新民。他狼吞虎咽地吃下第一碗，连话也没说，李开田也没说。

明德英给盛上第二碗，庄新民端过来，刚要送到嘴上又停下来。看了一眼明德英，明德英忙转过脸去，他又看李开田，李开田没来得及转过脸去，他看见了李开田脸上的泪珠。

"孩子，咱千难万险总算熬过来了！"李开田见庄新民醒过来，比什么都高兴，带着哭腔说完，一把攥住了庄新民的手。

庄新民说不清刚才是昏迷还是休克，反正他是好长一阵子处在不省人事的状态之中。清醒过来后，看着二位老人深情地说："我该怎么感激你一家呀！"

庄新民知道自己的脚早已感染化脓，加上连日的极度疲劳，营养极差和感冒发烧，不静养两天，怕是难以行走，甚至还有转成别的重病的危险。刚才发生的一切，他都不知道，但他醒来时，已看到自己的脚洗烫过，包扎过了。他知道李开田又是一夜没睡，他比自己累得多，一颗孝心促使他拉着李开田并头躺下。

 恩重如山

★★★★☆

（33岁）

李开田和庄新民都不知道自己是什么时候睡着的。

庄新民只知道醒过来时，日已偏西。这回是真的醒来了，不昏也不迷，只是身上像散了架一样，双脚红肿胀痛，不敢踏地。

该吃饭了，明德英端上地瓜饭，还拿来一盘切成条的萝卜咸菜，庄新民有滋有味地吃了一顿。

就在他吃饭的时候，明德英又点火烧水，还特意加了一把自采的金银藤草药，用以清热解毒，消除肿胀。

李开田拿了一个高一点儿的板凳坐下，对庄新民说："来，就坐我的腿上，给你烫脚。"

庄新民从记事的时候以来，从不记得生身父母曾抱着他洗过脚，此时，他难以接受李开田这种胜过生身父母的热情和慈悲，挣扎着说："我自己来，不用您洗！"说着就要下地自己端水。

李开田装成生气的样子说："你的脚伤到什么样子，不知道吗？想早点儿养好伤，就得听话！"说完，过去把庄新民给抱了过来，放在自己的双膝上。还是和昨天一样，把脚伸开，置于水盆之上，明德英拿着布巾往脚上撩水，水不热了，再加热水。洗烫之后，明德英双手抱住庄新民的脚，弓身探头，两只眼睛盯着双脚，看了又看，然后，把伤口送到自己的嘴边。

"这不行，这不行！这样伤天理！"庄新民来不及叫大娘，两脚直往回抽，大声喊。

"听话，听话！不这么不行！"李开田紧紧抱住庄新民，是劝又是命令似的说。

明德英用力地吸出一口脓血。

庄新民只觉得心里一阵阵热乎乎的。双脚更是一阵阵热乎乎，又痒又软软松松的感觉。他几次想猛地把脚抽出来，不忍心让二位老人为自己如此治疗。无奈，明德英双手抱得结结实实，李开田把他紧紧抱在怀中，动弹不得。

明德英见庄新民不如头天老实，嘴上的劲儿用得更大。不一会儿，双脚的脓泡全吸干了。随后又找来一根针，放在火上烧得通红，等了等，把还没有破头的水泡、血泡全穿破，有的淌出清水，有的淌出血水，不淌了，她就用嘴吸干净。

寒冬腊月，李开田家的团瓢屋里两天没住烟火，更加暖烘烘的。

庄新民很不情愿地接受了这两位老人的土法治疗。从李开田的怀抱里出来，往床上一仰，只觉得脸面发烧，心在"咚咚"地跳。他一直想，自己年轻无知，抗战无功，却如此连累二位老人。老人也是太好了，比生身父母还好。他想过，从小在父母面前一句爹一句娘地叫着长大，那不是一句简单的称谓，而是饱含人间亲情。今天，他回忆平生，感到从父母那儿领受到的爱是整整一代人所能领受到的。然而，唯独没有见到眼前这两位老人所表现出来的爱。不用怎么认真地比较，他感觉到，眼前就是自己的爹娘，是比亲爹娘还要亲的爹娘。他激动了，忽地从床上坐起来，顾不得脚疼，"咕咚"一声跪到地上，边拜边说："大爷，大娘，从今天起您就是我的亲爹亲娘，我叫您老爹，老娘！"

庄新民只觉得喉咙里噎着一团热乎乎的东西，说不下去了，眼泪夺眶而出。他流着眼泪述说着近两个多月来积聚在心头的酸甜苦辣。

李开田忙把他拉起来说："孩子，你离开父母来抗战前线，受苦受累，拼命流血，为的啥？是为抗日，是为百姓，是为中国人能直起腰来。你负伤，值得救。我见了，我帮你，救你。换个别人，也跟我一样。天下穷人是一家，抗日军民是一家呀！"

庄新民打断老爹的话说："老爹，要说应该的话，你只有答应我是你的儿子，你救我才是应该。"

李开田见庄新民心里难受，也实在可怜他。伸过一只大手，紧紧握着庄新民的手说："好，我答应你，你就是我的好儿子！"

明德英在一旁看得清清楚楚，她知道庄新民说的什么，也知道李开田说的什么，更知道自己应该做什么。

庄新民心里平静了，踏实了。

整整过了七天，每天晚饭后，明德英给庄新民烧水烫脚治疗，慢慢地，伤口消肿了，也不怎么痛了，可以到地上走动了。

庄新民不住地到床下活动，有时到室外去找些事干，借以恢复体力，想尽快回部队。他想过不止一次，是自己给老爹一家增添了许多负担。不然的话，他们晚上可以安安稳稳地睡觉，尽享天伦之乐。可如今，为了自己，老爹要提心吊胆，睡觉都得睁一只眼，白天还要打听敌人的动静。

为了自己养伤，老爹到亲戚朋友家，到村上借过几次白面。还到马牧池集市上去要过几个羊头，回家收拾干净后，煮了吃，改善生活，两个小弟弟只能喝点儿汤。他感到给老爹老妈带来的负担过重，时间也太长，不能再住下去了。再说，自己就在看护所工作，而且离此地不远，回到部队可以边工作边治疗。他连续和老爹谈过几次，终于把李开田说通了。不过李开田提出一个条件，他要用小毛驴送庄新民。庄新民不同意，他知道，老爹这次被抓，吃的苦，受的累，都比他大，而且回家后一点儿也没歇着。他坚持自己走回去。一老一小为这事儿争了大半夜也没个结果。

按照李开田的吩咐，第二天一早，明德英跑到村里借来一篮子地瓜干，煮熟后，先让庄新民吃了一顿，然后把剩下来的包了包，准备让庄新民带上在回部队的路上吃。

就要起程了，李开田牵出小毛驴让庄新民骑上。庄新民接过来，又牵回原处拴起来。

李开田说什么也要亲自送庄新民回部队，庄新民说什么也不让李开田亲自送。最后李开田服从了庄新民。

李开田让庄新民先等一等，然后飞快地到林上砍了一根槐木棍。让庄新民拿在手上，既当拐棍，又可防身。

李开田陪着庄新民一起来到王家河边。只见河两岸结着冰，河的中心还流着水，水流中夹杂着散乱的冰凌。

李开田知道，这河水的下面全是沙子和石子，庄新民的双脚还没有完全好，既不能碰着冰凌，又不能被石子硌着，不由分说，脱下鞋子，挽起裤脚，弯下腰来，就让庄新民趴在他的背上，由他背着过河。

庄新民说什么也不肯，说话的工夫，自己已经脱下鞋子。

李开田急了，一把把庄新民拉过来，又一弯腰，背起来就走。任凭庄新民怎么往下挣，李开田双手揽着他的两条腿，就是不松手。几个大步就踏上了河边上的冰层。

庄新民知道，老爹是真心的。他们父子在两个多月的时间里，患难与共，生死之交，一朝分别，实在难舍难分。这是老爹在最后的一点时间里，送给他的一份爱。他拗不过老爹，虽然无奈地服从了，却在老爹的背上，不住嘴地埋怨老爹。

李开田不说什么，就要过冰水了，他用力把庄新民往上窜了窜，怕的是冷水浸湿了他的双脚。然后，不紧不慢地说："你就让我再背你一回吧，我亲不够你，哪里就这么巧啊！"

庄新民有一肚子的话要说，然而，此时此地，此情此景，他想起了从泰安归来的路上，老爹一次又一次地背着他。那时候，他已经奄奄一息，连说话的力气都没有。他想哭，却是欲哭无泪。眼下，老爹又是那样地背着他。此时的他，胸口里像堵住什么，什么也说不出来了。他能做的，只有满心的激动和止不住的泪水。

转眼间，李开田背着庄新民走过冰层，蹚过急流，越过王家河。

李开田穿上鞋子，送庄新民走出马牧池村，又一道翻过卧牛山。

庄新民说什么也不让老爹继续前行，让他留步说："老爹，这一带我很熟，您就回去吧，跟老妈多多保重身体，我一定常来看您！"说完，父子俩挥泪依依惜别。

庄新民走过一道山沟又走上一个山坡，回头看看对面山坡上，老爹还直直地站在那里。

叫响红嫂

(1955—1995)

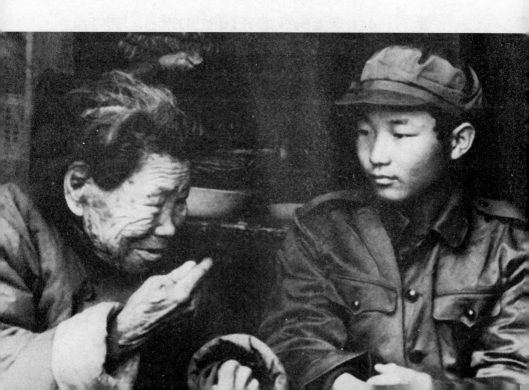

➜ 鸿雁传书

★★★★★

（45岁）

　　庄新民是最后一个回到香炉石分所的。分所的领导以及军医处的领导十分关心庄新民在这次日军大"扫荡"中的遭遇，曾连续几次组织部队和地方民兵四处寻找，并从老百姓处得到了他被捕的消息，几次组织营救，都因为力量悬殊和情报不确切而未成功。只盼望着他早日归队。庄新民回到分所后，休息了几天便投入了工作。随后便是部队整顿。

　　随着战局的发展，庄新民先后调动了好几个地方，最后从沂蒙山区调到滨海，后又随部队南征北战。1949年过长江，战上海，并在上海留了下来。

　　从沂蒙山到大上海，从同公开的敌人

060

作战到同隐蔽的敌人战斗，环境和条件发生了翻天覆地的变化。从来到上海那天起，多少个夜晚，当他巡逻在黄浦江边、南京路上，看到那五光十色的夜景时，就想起沂蒙山中老百姓家的小油灯。每当他走进影剧院、大宾馆、会议厅时，就想起留在沂蒙山中的老爹、老妈的小团瓢屋。看望双亲的念头始终萦绕在内心深处。然而，刚刚解放的大上海，社会治安、经济建设，事务繁忙，一天又一天，一月又一月，一年又一年，很快十多年过去了。

1955 年，上海市统一组织对干部进行集中审查。庄新民被日本鬼子逮捕的两个月，当时因战乱，无档案记载，事后又没有追记，知情的领导和同志又失去了联系，靠他空口白话又说不清楚，即使说清楚了也难以做结论。为了证实被捕的那段历史，只有李开田能作证明。庄新民想通过书信，先与二老联系。然而，信写好了，竟然记不起具体地址，他根本就不曾记下过那个地址。当年在危急关头，老爹曾经自报过名字，然而他根本就没叫过老爹的姓名。在与李开田相处的战斗岁月里，自己只叫他老爹。在时隔十多年之后，怎么也想不起老爹的名字，要通信，便出现了很大困难。

第一封信写好了，在信封上，他像发寻人启事一样，先写上"山东省沂水九区马牧池"，又写上"河西李大爷"收。尽管信使们颇费了好大一番工夫，还是没找到"李大爷"。因为这里曾经是沂水，此时已改为沂南县。

庄新民又写信，地址还是那么写。一天又一天，仍没有回信。

庄新民发出一封信后，就在家里盼着来信，往事不知回忆了多少遍，看看日子久了，就再发一封，结果还是没找到那个"李大爷"。已经发出三封信了，他见既无回信也无退信，就好好地动了番脑子。他怀疑地址写得不清楚，就在"汶河西"后面加上"李家林沟北团瓢屋"字样。在收信人栏内，他在"李大爷"之后加了一个括号注明"大娘是哑巴娘"。这一改，真的有效了。

时任沂南县文教科副科长的李家才，按李家辈分来说，叫李开田老爷爷。他看着信封，想着写信的人，感到这人一定是个革命同志，一定在战争中结下过浓厚的情谊。他这么一分析，在场的人想起来了，说："这人也真是熟人，已经来过好几封信了，有的信上写'李大爷'，有一封信上写'恩娘'。"李家才指了指来信说："这不是写得很明白吗？'哑巴娘'，就是说这个人是个哑巴，咱李家林北头一条沟，沟北沿团瓢屋里住的不就是李开田老爷爷，那老奶奶不就是个哑人吗？"一席话解开了一个谜。

几个小伙子争着到李家林去送信。李家才不慌不忙地说："还是我去吧！"李家才把信念给李开田一家人听。庄新民在信中说得很多，又是在沂水被押，又是到泰安，又是难忘二老情等等，都觉得很陌生。便说："老爷爷，这上面说的肯定是真事，怎么没听你说起来过？"

李开田说："这信上说的都是真事，当时顾不上跟谁说，再说当时说了，万一传出去还很危险。后来呢，咱庄上为八路办的好事还能少得了我吗？"在李家才的启发下，李开田把当时的情况从头到尾向李家才说了一遍。

李家才听后对李开田说："现在，党在全国要统一审干，就是将每个干部过去经历的事情都弄清楚，庄新民被鬼子抓住这一段，当时没弄清楚，如今，他自己说清了，谁能作证？要找个证人的话，这证人非你老人家莫属了！"

"我当证人？怎么个证法，还得跑到上海去吗？"李开田有些急了，忙问李家才。

"不用，不用，你不识字，就是你说我给你写就行。"

李开田边认真回忆边复述了一遍。他说得很简单，没加什么感情色彩。然而，李家才是一个感情丰富的干部，他觉得坐在自己面前的李开田老爷爷，就是一座大山，一座不可征服的大山，那么高大、雄伟。而他的老伴明德英老奶奶就是山间的泉水，她滋润心田，美化大山，给大地以青春，给万物以活力，给人间以温暖。他心中有许多的感慨，但此时不是发表感慨的时候，他要考虑如何给上海的庄新民回信。

李家才回到家中，按照李开田说的过程，按照庄新民信中提出的要求，先整理出李开田的口述记录，又抄写了一遍。然后给庄新民写了一封长信，把李开田、明德英抗战以来的情况、眼前的情况，还有根据地一带山乡的发展变化全告诉了他。末尾，工工整整地落上了老爹李开田、老娘明德英的名字。

在此之前，李开田的妻子没有名字，她家姓明，至多按当地风俗，把夫姓放在前头，娘家姓放在后边，叫李明氏。可过去家庭妇女一般不出门上店，用不着起个学名。李家才是文化人，当过老师，那时的小学老师，首先要给刚入学的孩子起名。所以，他有这个习惯，见到没有名字的人就给起一个。于是，思索再三之后，给起了"明德英"的名字，意思是说，她道德高尚，是沂蒙山中默默奉献的英雄。

信写好了，他又到李开田家念给他听。李开田高兴得不得了。还请两位老人在各自的名字上摁了手印，又请一起被捕的老乡做了证明人，还到村委，请党支部签上"情况属实"四个字，盖上了红红的大圆公章。

李家才一次又一次到李开田家，又是念信，又是写信，全家人喜上眉梢，乐在心头，都为能与庄新民取得联系而激动不已。

红嫂明德英虽说听不见，但她心有灵犀一点通。她从大人孩子的脸上看出来家里发生了大喜事。

为了告诉老伴这件喜事，李开田在别人散去的时候，对着明德英比划了又比划。

　　先是比划从南方来的信，又比划着一个比两个儿子个头矮的儿子，后来他干脆把庄新民的来信放在床边上，打来一盆水放在床下，像演戏一样，以信当人，撩起水来给烫脚、洗脚。明德英目不转睛，一个动作又一个动作地认真看。李开田索性表演到底。把三个枕头并排摆到一起，按照当年大儿子、二儿子、庄新民顺头躺着的位置，把大儿子的棉袄卷起来当大儿子放在第一个枕头上。又把二儿子的棉袄卷起来当二儿子放在第二个枕头上。然后把庄新民的来信放在当年庄新民睡觉的第三个枕头上。然后趴在床沿上目不转睛地看，两只长满老茧的手，不时轻轻地抚摸着那封信。红嫂明德英看明白了。

　　啊！——原来是那个双脚受过伤的孩子来信啦。她心里一时涌上许多的问话，有着无限的牵挂。说不出来，也比划不清楚。然而，她习惯了，纵有千万件与生命、与家人孩子有牵累的事，都依靠老头子，她就是个伴，伴着老伴，当个助手，老伴说怎么办就怎么办。刚才李开田的表演，她不仅看明白了，还想起了当年庄新民受伤和在家养伤的过程。她被李开田的一阵比划带进了戏中，戏里再现了当年的情景。十多年了，压在心头的一团思念都在这信纸上。这信纸就像庄新民，越看越像。是呀！面黄肌瘦，昏睡不语——这不就是那个她用嘴从他受伤的脚上吸出浓血的那个孩子吗？满心的激情在那一刻像火山一样爆发了。她"哇"的一声，扑到床上，从李开田手里拿起那封信。

明德英把庄新民的来信捧在手上，眼泪滴在了信纸上。她又把滴上泪水的信纸贴在脸上，脸上的泪水又湿了信纸。她把泪湿的信纸放在床上，看见已被泪水浸湿的信纸，她更心痛，心痛得不知把信纸放在什么地方更好。她"呜呜"放声地大哭起来。

李开田深情地看着老伴，他最理解老伴。他为老伴能够知情达理而高兴，也为老伴一贯默默承担一切的精神而感动，更为老伴对人有情有爱而感动。此时，两位患难与共且配合默契的老人，没有什么语言能表达各自的心意，有的只是泪。当两个眼含热泪的老人，从激动与悲伤中走出来的时候，他们相视无声却又相视而笑。

从那时起，明德英的脸上天天挂着笑容，和全家的笑声笑容完全地融合到一起了。

→ 送子参军

★★★★★

（45 岁）

1955 年，初冬。早晨，明德英正坐在灶前烧火做饭。大儿子李长俊气喘吁吁地跑过来，见到李开田顾不上喘口气就急促地说："爹！我听说军队要征兵了，我已经长大了，这回咱去当兵吧！"

老实巴交的李开田长年累月地住在这深山老林里，全国解放后，很少到外面去走走，一些事情都是大儿子李长俊去办，自己顶多到河对岸的马牧池集市上去赶个集。听儿子长俊这么一说，一时拿不定主意，对长俊说："这样吧！我出去打听一下，看你这个信儿准不准。"

李开田此时小看了李长俊，还把长俊当孩子看。其实，他已是 20 岁的青年了，还在村里当上了民兵班长。这是解放区的第一次征兵，是义务兵。然而，刚刚从十多年战争走出来的李开田，心中的想法却很复杂。由于这一带当年是沂蒙山革命根据地，鬼子"扫荡"多，战争残酷。当兵的青年多，牺牲的战士多。虽然解放后多年没有了战争，但是留下的战争创伤多，留在人们心里的战争创伤更多。现实就那么摆着，活下来的军人大多当了干部，家中的老人是光荣的军属。然而那些牺牲的军人，家中虽然

△ 明德英、李开田与大儿子李长俊（右一）、二儿子李长印（左二）合影

是光荣的烈属，可人不在了，父母再怎么享受光荣，可孩子没了，家没了，内心总有太多太重的压抑。青年们看重的是军人的光荣，老人们看重的是家庭现实。所以，一旦部队要来征兵，许多青年是高兴的，而家长们总有说不出的顾虑。李开田就是这样，他不知道今后还有没有像前几年那么频繁、那么激烈的战争，更不知一旦长俊去当了兵，会有什么三长两短。不过，李开田毕竟是解放区的百姓，毕竟是从战火中过来的具有进步思想的人，他最清楚是人民军队救了百姓，这些年的好日子就是军人们用生命和热血换来的。老百姓若是不去当兵，敌人就会猖狂，汉奸就要反攻，群众就会受二茬罪。保卫这得来不易的胜利果实是每个老百姓的责任。他想：我自己如今不能上前线了，儿子顶上去，他比我强。

李开田想通了，起身就往外走。

李长俊追上去说："爹! 我听的是个准信儿! 只要你答应就行了。"

长俊当兵的事，必须跟老伴说，让她也明白。李开田来到明德英身边。明德英知道李开田有话要说，就专心致志地看着他。李开田指了指大儿子长俊的背影，又做了一个拿枪的动作，明德英没看懂。他又做了一遍，明德英还是没看懂。李开田回到团瓢屋里，明德英跟了进去。李开田又用上了老办法，他把长俊的破棉袄拿过来，又把庄新民的来信拿过来放在一起，意思是说，大儿子和庄新民一样要成军人了，明德英没看明白。

李开田拿着棉袄和信顺势做了一个刺杀的动作。明德英"哇"的一声,那是表示她明白了。她记得当年那些当兵的,就是这样在练兵,她还给送过开水。老头子说的肯定是说大儿子就要跟那些战士一样,要去当兵练武了。她高兴,高兴地一把抓住李开田手里的信和棉袄,抱在怀里,像抱着孩子一样。一开始李开田还担心她这是舍不得。仔细看了看,不是舍不得,是高兴,是喜爱她的孩子,是高兴他去当兵。李开田也为之感动。他知道,老伴非常疼爱大儿子,让他远走当兵,她是真舍不得。可在她的心里,还有庄新民,还有她曾经见过、曾经救过的许多战士,她知道那些人都是最好的人,她高兴的是她的儿子也将成为最好的人。借着这股子高兴劲儿,她把手中的棉袄和信拿在手上,学着李开田的样子,也做了一个刺杀的动作。然后用手指着门外——李开田明白她的意思,那是说:"让儿子去吧!学着他的那些哥哥们练武去吧!"

李开田为老伴的聪明伶俐感动不已。对一个母亲来说,儿子远走当兵,很可能是到前线冲锋陷阵,该是天大的事了。如此的大事,由自己这么一说,就想通了,难得她的胸怀宽大。

其实,明德英同李开田一起生活了二十多年,无论是家中的事,还是外边的事,他和李开田虽然不能用语言交流,却常常是一拍即合,配合默契。不少人羡慕这个家庭,说他们家从无争吵,也从无话不投机的烦恼。有的是满脸笑容、全家和顺。他们远离村庄,却祥和安乐,过的是世外桃源一般的生活。

憨厚老实的李开田，处在这样一个家庭里，时间长了，既有父亲的威严，又有母亲的温柔。虽然他支持长俊当兵，可心里一直七上八下的，以前想过的，依然想来想去。比如：长俊当兵到哪里去？是不是离家不远？是不是还和当年那样打大仗、打恶仗？他虽然不急于知道，可就是挥之不去。后来，他干脆告诫自己，想什么呢？反正有党的领导、首长的指挥，就是有仗打，也一定是胜利，说不上儿子还能立大功，受大奖，戴大光荣花，那他这个家里可就光彩多了。

明德英没这样想过。她是当妈的，面对即将远行的儿子，她再怎么想得通，心里总是一阵阵的发痛。晚上，当儿子长俊熟睡了时，她总是端上不怎么亮的豆油灯，在儿子面前，借着灰暗的灯光，她总是看了又看。那张熟悉的面孔，她越看越爱看，发自内心地疼爱。每次她都想多看几眼，有好几次都是因为灯光把长俊照醒，或自己不小心发出什么声音把长俊惊醒。长俊知道，这是妈在偷偷地看他。

李长俊生在一个农民家庭，也称得上革命家庭，从小对军人了解得多，革命道理知道得多，对自己当兵的事想得开。他不在乎到哪里去，也不在乎当什么兵，决心只有一个，那就是当一个爱祖国、爱人民的好兵，当一个对得起沂蒙山人的好兵，尤其是当一个对得起自己父母的好兵。

明德英很快便知道了儿子远行的时间。晚上，当全家都熟睡的时候，她轻轻地起身，点着了油灯，打开床头的一个木箱。那是刚解放后，李开田见自己孩子多了，破破烂烂的衣服也多了，总得有个盛衣服的东西呀！于是他自己动手，把几块木头扛到集上，请木匠抽时间给解成板，然后，自己帮着木匠做成了这个箱子。明德英找呀找，把自己春天刚做的一条单裤子拿出来，又找了一块当初没用完的布料，剪下来一块，接到裤脚上，还在裤脚一边缝上一根布条。连夜给李长俊做了一条衬裤。

东方发亮了，她知道这又是新的一天，而且是长俊临行前的最后一天。做好早饭，让李开田和孩子们一起吃。她呢，满屋里找呀找，找出了一大包布条布块儿，都是一些破旧不堪的布料。草草地吃过早饭，孩子们出去了，她独自在家，把碎布条洗净晒干，制成鞋底，做出鞋帮，一夜没睡，给长俊赶做出一双布鞋。还剩下一点儿布料，她又给长俊做了一双鞋垫。

这一夜长俊不知睡了几回又醒了几回，他每次醒来都看到母亲在灯下忙活。

不知什么时候真的睡着了。醒来一看，屋外已经发白了，赶忙起床。见妈妈正在做饭，走过去一看，炉火正旺，锅里煮的是母亲亲手做的、也是他最爱吃的鸡蛋面条，一旁还放着两个鸡蛋。他知道这是妈妈在他临行前做给他吃的壮行面，不过他说什么也不让妈妈放这鸡蛋。他知道，在他家里，除了小孩能偶尔吃个鸡蛋外，一般都是拿到集上去卖钱或换油盐什么的，就把鸡蛋悄悄地藏了起来。就在明德英伸手去拿鸡蛋的时候，不见了鸡蛋，却一眼看到了儿子。她知道是儿子不让她放鸡蛋。她伸手向儿子要，儿子不依。再要，还是不依。李长俊拿着鸡蛋走出了屋，母亲也跟了出来，站在儿子身边。她不再伸手去向儿子要了。她抬起手揉了揉眼睛。李长俊知道，妈妈眼皮内长有一根倒睫毛，不长时间就刺得眼睛流眼泪。可这次妈妈擦眼泪，触动了他的心，妈妈是哭了。还没为人之父的儿子，怎么能理解一个妈妈面对即将远行的儿子的心呢！妈妈的泪像断线的珠子。李长俊这是第一次亲眼见到妈妈如此流泪。他以为是妈妈为鸡蛋的事伤心流泪，可他哪里知道，妈妈此时是那么的依依难舍。

明德英不怪儿子，拿上鸡蛋，回到屋里，打进了锅里。

就在李长俊吃面条的时候，明德英拿出一个小包袱，打开，一件件拿给李长俊看：一条衬裤、一双布鞋、一双鞋垫，然后又包上。一切都是无声的交流。李长俊都看见了，也都明白了。他不知道妈妈是什么时候做的，也不知道妈妈是怎么做的。但是他知道，那是妈妈这几天一针一线用心做的，那上面满是妈妈对儿子的亲情和疼爱。

十多天之后，李家才把一封注明中国人民解放军上海警备区某部的来信送到李开田家里。一进院子就大声说："老爷爷，长俊在上海来信啦！"

从来不善表达感情的李开田等李家才念完信，双手一拍，随着"啪"的一声响说："好！长俊儿跟他哥哥庄新民在一块儿了！"

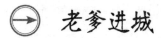

老爹进城

★★★★★

（46岁）

1956年刚刚过完春节，庄新民的信又来

了，而且还比较急迫和恳切，李开田决心去上海一趟。一是庄新民迫不及待想见他，二是大儿子也去上海当了兵。这一去可以见到两个儿子。

李开田安排二儿子做一些春耕准备。然后，打点起简单的行装，准备出行上海。

他带的东西有他亲手制作的沂蒙山特产的柿饼子，有自产的山楂、核桃、大枣。明德英还专程跑到山上采了两把干酸枣。

从李家林到蒙阴，走小路还有近百里，要赶在早饭前到达，还得急着早走。毕竟是六十多岁的人了，比不上反"扫荡"那个时候，一天跑百八十里不觉累，如今，怕是走急了，不撑劲儿。二儿子听父亲这么说，自告奋勇地说："爹，不要紧的，我去送你。牵上那头小毛驴，走累了，你就骑一会儿。"李开田觉得在山区出门骑驴是妇女们的事儿，老爷们儿骑驴怕人见笑，就坚持不带驴。老二坚持说："你拿的那些大包小包，左一个右一个，谁替你拿？叫小毛驴驮着，回来时我还可以骑一阵子哪！"李开田听老二说得很有道理就依了他。

一切准备都如愿地进行，李开田爷儿俩到达蒙阴时天刚蒙蒙亮，坐上汽车，不用一小时到了东都。

在东都火车站，蒙阴去的班车刚停下，便从候车室里走出三位青年，很有礼貌地迎了上来。他们问清李开田的姓名和去向之后，看看时间还差一个小时，三青年叫上李开田到一边的羊肉馆里，要上一盆羊肉汤，边喝边介绍说："我们是兖州公安

△ 1956年春节后李开田在上海与庄新民合影

局的，来这里办事，已经好几天了，现在我们还
要去上海。领导让我们在这里等两天，如果能
见到您就一路同行去上海，车票已经买好，到时
候上车就行了。"李开田看那三个小伙子，一个
个虎头虎脑的，说话有板有眼，一本正经，不像
是坏人，就拉起家常，还从口袋里掏出大红枣给
他们吃。一路上，三个青年陪着李开田说话，转
眼到了上海。

一声长笛，火车徐徐进站。庄新民看到了老爹。不知是惊还是喜，眼睛看的唯独有老爹，心里想的唯独有老爹，站在身边的爱人他忘了，站台上的许多迎宾他也忘了，只有飞快地跟着火车跑，边跑边喊着："老爹，老爹，我在这里!"车缓缓地停下来，庄新民跑上去，隔着窗子，一把抓住李开田的手就泣不成声。

李开田从车厢里走出来，庄新民往前急跨一步，张开双臂扑上去，趴在老爹李开田的怀里放声地哭了起来，哭声中述说着心头的话语。许多旅客看着他那乐而生悲的真情，都流下了同情和感动的泪水。

庄新民的大儿子庄举华一觉醒来，听到门厅里有说话声，听爸妈那高兴的声音，知道是爷爷来了。没顾上穿好衣服就跑出来，大声地喊："爷爷，爷爷，我们可把你盼来了。"他这一喊叫，差点儿把李开田吓了一跳，忙问庄新民说："这就是孙子吧?"

庄新民忙说："是呀，这是你的孙子。"

李开田来上海穿的这套棉衣，是近十多年来头一回那么新的一身，是妻子明德英一针一线给做的，穿在身上十分知足。这样一身打份，在沂蒙山区的农村算是不错的，可进了大上海，就显得土气。

庄新民和爱人郑全英把鞋帽衣服，从里到外，从头到脚，一应俱全地准备好了。

孩子最爱听大人讲故事。

小举华还年小，他听过父亲给他讲的许多故事，有的明白，有的不大明白，有的还半信半疑。尤其是乳汁救伤员的故事，他一直不理解。当他知道爷爷就是那个红嫂的丈夫时，心里特别高兴。有空没空老是缠着李开田，让他讲红嫂的故事，问他乳汁救伤员的故事是不是真的。在他心里，红嫂乳汁救的是谁并不重要，重要的是他不相信那是真的。李开田就把当年鬼子如何"扫荡"，八路军战士如何负伤，在何等的情况下，老伴如何乳汁相救以及如何在家养伤的故事，一五一十地讲了一遍。他讲得没有言词装饰，没有夸张，既简单又动情。庄新民接过话茬说："这就是解放区人民的高贵品质，当一个军人面临生死的时候，解放区人民是不惜生命来搭救的。"

这时候，忽然从门外走进两个人来。庄新民看着李开田，介绍说："老爹，这是单位审干小组的同志。"然后热情地让他们坐下，递烟倒水。

一位长者对李开田说："老大爷，听说您老人家来上海，我们都特别高兴。我们接到您老的来信，对老爹老妈非常崇敬。听老庄说您来了，领导特意安排我们来看您，同时也来感谢您。"李开田听明白了，但不知说什么好。过了一会儿，那人又说："老庄是个好同志，他说曾有一段时间被鬼子抓住了，那段历史数你清楚。老庄工作能力也特别好，您救出庄新民是为党立了一大功。我们还想听听您和老妈当年救庄新民的故事。"

李开田一听，心里想，这正是我上海之行的主要事情，我得好好对他们说说。庄新民九死一生，后来虽然在信上说了，可说得不细，这回我就细讲给他们听听，省得一有风吹草动还有人找新民的事儿。于是，他把自己和庄新民是如何被鬼子抓住，如何见到庄新民，又是如何往返泰安，所经历的苦难，凡是能想到的，他都说了。他从头到尾地叙说，没有刻画，没有形容，完全是原始版本的故事，说到悲伤处、艰难处，竟放声大哭起来。

审干小组的工作人员也随着李开田和庄新民落泪。

李开田这一趟上海之行，见到了庄新民一家，为庄新民的历史做了证明，还见到了刚刚参军的儿子，既圆了庄新民的梦，也圆了自己的梦，没心事了。

 上海奶糖

★★★★★

（46岁）

庄新民送走了李开田，心情仍是久久不能平静，不平静之处就在于没见到老妈。

那是一个只知道埋头苦干，只知道把爱奉献给别人，而不从别人那里索取什么的母亲，那是一个一生都没走出山沟沟的母亲。她从社会和大自然中吸取了仅仅可供自己生存的物质，而她献出的却能使所有接触她的人都得到好处，有的是生命，有的是方便，有的是快乐。就连团瓢屋前那一片坟地中的死人，也能安全地静卧在林间。对于这样的母亲，庄新民没做出什么报答。而在没有报答之前，说什么也不能坦坦然然，平平静静。就为此，他的心情志忑不安，难以平静。

郑全英同庄新民朝夕相处，摸透了他的性格脾气，也知道他心情不好的原因。经过再三考虑之后，她对庄新民说："孝敬两位救命恩人是咱家应该的，依我看也不在于是不是叫老爹老妈一家来上海。人家二老懂大道理，也重感情，咱得尊重人家的选择。不能来上海，人家理解咱们的心，不过，咱的心可不能只表现在叫人家来上海这一点上。关键是今后常想到人家，经常通讯联系，叫声爹娘，献出一片诚心，二老就满意了。"

庄新民说："那你说怎么叫人家知道咱的心？"

郑全英说："我是妇人之见，不过老妈也是妇人，说不定千里之外，我们婆媳心心相印呢！"

庄新民催她说："你别跟我卖关子啦，快说给我听！"

郑全英说："人的良心，说到底还是一种感情，情不断就心相连。从现在起，逢年过节时，咱买上几斤糖块寄给老爹老妈，吃到嘴里，甜在心里，礼虽轻，义却重呢！"

庄新民听爱人这么一说，觉得有道理，行得通，也只能如此了。想了一会儿，他又说："哎！我想起来了，老爹的生日是九月初四，老妈的生日是九月十六，都在一个月里，这算是一个日子。再就是过年。"

　　最后商定，每年新年春节，二老生日，以上海奶糖表示亲情和祝福。

　　转眼之间过了中秋节，走在上海的大街小巷到处都能嗅到丹桂散发出的清香。

　　庄新民感觉到已经临近九月，老爹老妈的生日快要到了。

　　他带上爱人郑全英，来到百货商店。挑最好的上海奶糖，买上了一大包，托在手上，掂量了又掂量，边掂量边自言自语地说："老爹老妈，儿在千里之外，就以此尽点孝心吧！"

　　郑全英凭感觉，知道庄新民此时在想什么。自己走到一边，不声不响地包上了一包上海产的鸡蛋挂面。她的意思是以面祝老爹老妈长寿，这一包就是"长寿面"。他还挂念着老妈舍不得为自己买新布，做新衣，就特别给明德英老妈买上了一身衣料。

　　农历1956年9月2日，李开田在马牧池集

上正好遇见乡邮电局的投递员。投递员本来是要到李家林送包裹的，他还愁着过王家河呢，一眼看到李开田，老远就喊："李大爷，李大爷——"投递员见李开田停住了，插下自行车，从后座的包袱架子上解下一个包裹说："李大爷，从上海给你寄来一个包裹。"

李开田拿过来，两手托着，看了又看，用手捏了又捏，凭感觉，知道包里有奶糖，这奶糖他吃过，也见过。他想原封不动地交给老伴，让老伴看到包裹的原貌。

李开田抱着包裹一路小跑地回到家。明德英正在烙煎饼，见是李开田赶集回来了，没顾上多看几眼，正专心地干活。她刚刚续上一把柴，然后吸足一口气，想把炉火吹得旺一点儿。没想到李开田却冲着自己过来了。她停下手中的活，看着李开田，第一眼就看到了他拿的东西。李开田急走两步，来到明德英面前，把包裹递给她看。

明德英也同李开田一样，先用手隔着包袱捏了又捏。她很敏感，一捏就知道包袱里是上海奶糖，因为今年春天老头子从上海看儿子回来时，她吃的那个又香又甜的奶糖就是这个样子，捏在手里，不软不硬，还有一层又滑又结实的彩纸，摸在手上感觉很脆。

明德英还同时感觉到包里一定还有衣物。

李开田示意她打开。

明德英把包裹拿在手上，看着那一个个浓墨重笔写在上面的大字，看着那缝在包上的一针一线，看着那被上海奶糖硌出的留在包袱皮上的点点印记，心里想着多少年前的一幕又一幕，她把思路聚焦在那位受伤的八路军战士身上。

明德英手中的包裹长时间没打开，就像她手里拿的不是从上海寄来的包裹一样。不，就像手里什么都没有拿一样。

李开田看到老伴在流泪，擦一把又一把，擦个没完，他没劝她，也不知道此时该怎么劝她。但他不离开她，默默地陪在她身边。

中午时分，孩子们都回来了，明德英当着孩子们的面打开包裹，拿出上海奶糖，一个孩子一块，每递给孩子一块糖，就指一指北墙上挂着的李开田与庄新民的合影照片，啊啊地说上几句孩子们都能明白的话。最后拿给李开田。

李开田接过来揭去糖纸，一抬手送到老伴嘴里。明德英顺从地张嘴接住，又顺手拿出一块，放下包裹，亲手剥去糖纸，送到李开田嘴里。一切都那么自然，这是老夫妻俩多少年来形成的习惯。谁有点儿什么好吃的，都不首先放进自己的嘴里。不是让给孩子们吃，就是送给老伴吃。那是因为这深山中的小村庄，好吃的、稀罕的东西太少了。他们夫妻俩，他们一家，就是通过那偶尔的、一点一滴的东西，你敬我，我敬你，没有虚情假意，没有矫揉造作，真诚地互相传递着和交流着发自内心的爱。

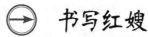

书写红嫂

★★★★★

（51岁）

1960年清明过后，明德英家东边的王家河里，厚厚的冰层换成了潺潺的流水。中午时分，几个顽皮的孩子，甩掉旧棉袄，到河水里嬉戏取闹，溅起的水花在空中转圈，映着阳光，放出七彩，又落进水里，煞是好看。

看着看着，明德英发现从河对岸走过两个人来。在河边上，双双熟练地脱下布鞋，并肩趟水过河。其中一个是本村本家兄弟叫李开文。李开文是1938年的党员，后来到山东纵队保卫部工作，在肃反中受极"左"

迫害，回到村里。1958 年和 1959 年曾多次到济南找战友帮助平反，其间认识了曾在沂蒙山工作过的刘知侠。在和刘知侠谈起沂蒙人拥军支前的故事时，就把明德英乳汁救伤员的事说了出去。同他并肩走的那位就是军旅作家刘知侠。刘知侠这次来沂蒙是想深入生活，采访一组战争年代的斗争故事，来前已经采访过李子超。李子超就讲过一个乳汁相救的故事，并要求刘知侠到沂蒙山区多做些采访。因此，他先是到了沂水县，采访了祖秀莲，又从沂水坐卡车到高庄，然后步行翻山到了沂南县横河村，先找到了李开文，李开文又领着来到明德英家。他觉得发生在沂蒙山革命根据地的故事很多，最有特色，最值得大书特书的还数乳汁救伤员的故事。他这次到沂南县，重点很明确，就是冲着先前李子超、李开文介绍的线索来的。

见到明德英，李开文又是比划又是说话，明德英只是一个劲儿地笑，边笑边领着回了家。在刘知侠与李开田说话间，李开文叫来了赵成全。赵成全是李开田的好朋友，后来和李开田成了亲

△《红嫂》

家，明德英和李开田救的两个伤员他都认识，也比较熟悉，第一个伤员还是他帮着送走的。刘知侠见到这几个人，刨根问底，详详细细地采访了事情的全过程。

趁着大家说话的工夫，明德英点燃炉中火，很快炒了一盘荠菜鸡蛋、一盘花生米，端上了自己腌制的一盘香椿芽和一盘腌菜疙瘩咸菜。赵成全离家较近，一会儿回家拿来一块豆腐、一块猪肉，还顺手提了一葫芦酒。在大家喝酒的时候，明德英又炒了一碗豆腐，炖了一碗豆角猪肉，还到林边菜地里拔了一把羊角葱。刘知侠又说又笑，从明德英干净利索的举止中看到了她热情好客、待人以诚、勤快能干的高尚品质。在座的人，你一言，他一语，不断地介绍着明德英战时和战后十多年间的为人处世。刘知侠说："我永远忘不了战争年代的房东大娘和大嫂。"李开文等人接话说："可不，战争年代，咱这块红色革命根据地，男人上前线，打游击，家里就全是女人了。这些女人，干的事情多了，大娘干大娘的事，大嫂干大嫂的事，有些事干得比咱男人都强。"不知是谁的话触动了刘知侠，只听见他不时地小声叫着："大娘，大娘，大嫂，大嫂。"不久，他创作的短篇小说《红嫂》正式发表了。

1963 年秋，淄博市京剧团将短篇小说《红嫂》改编成了现代戏。1964 年 6 月 20 日，参加了全国京剧现代剧观摩演出大会。1964 年 8 月，在周恩来总理的推荐下，《红嫂》剧组专程到北戴河为毛泽东、刘少奇、周恩来、朱德等党和国家领导人演出。

△ 京剧《红嫂》演出后毛主席走上舞台接见全体演员。毛泽东同演员张春秋亲切握手。

演出结束后，毛主席高兴地走上台，握着演员张春秋的手说："哎呀，谢谢你们，演得好！"并与全体演职人员一起合影留念。毛主席还鼓励大家说："《红嫂》这出戏是军民鱼水情的戏，演得很好，要拍成电影，教育更多的人，做共和国的新红嫂。"

1964 年，文化部决定由上海天马电影厂将《红嫂》拍成电影。1965 年，电影导演傅超武带着《红嫂》主演们，先后多次到沂南县的马牧池村体验生活。直到 1975 年 12 月，电影版《红嫂》才最终定稿，并改名为《红云岗》，由中国人民解放军八一电影制片厂于 1976 年春天开拍，1976 年 9 月拍完。1971 年中央芭蕾舞剧团推出芭蕾舞剧《沂蒙颂》，在此之前，创作组曾到沂南县的岸堤、横河两地体验生活，他们和普通老百姓同吃同住、朝夕相处，留下了难忘的历史记忆。1997 年广西电影制片厂创作并拍摄了电影《红嫂》。

随着京剧《红嫂》、《红云岗》，舞剧《沂蒙颂》，电影《红嫂》在全国热演，以明德英为原型的沂蒙红嫂乳汁救伤员的故事风靡全国，家喻户晓，老幼皆知。

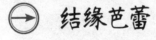

结缘芭蕾

★★★★★

（62 岁）

1971 年秋天。一个近午时分，传来一个消息,说中央歌舞剧团派出的芭蕾舞剧《沂蒙颂》创作组一行七十多人,要到马牧池公社横河村体验生活,并说创作组的编导和女演员们,需要学习和了解明德英。

在小女儿李长花的"翻译"下,明德英明白了创作组的意思。

当天下午,主创人员来到明德英的家,经过一番沟通以后,明德英带领大家沿着当年八路军战士奔跑的路线走了一趟,边走边用她的

△ 舞剧《沂蒙颂》剧照

语言作介绍，在战士受伤的地方、战士昏迷不醒的地方，她还模仿战士负伤时的惊险和痛苦状况。在她抢救伤员的地方，她更是做出了乳汁相救的样子。从头到尾，一气呵成，形象逼真，朴实无华。创作组的舞美设计一一记了下来。担任角色的演员默默地记了下来。

随后，她坐到火炉旁边。这炉子是李开田用当地黄土亲手做成的，虽然不是当年救伤员用的那一个，却同原来的一模一样。像当年一样，也像平时一样，她拿来一捆干柴，放进灶内，恰好炉膛内刚才为创作人员烧水的火还没有熄灭，不一会儿，炉膛内冒出一股青烟，见此情景，她弯下身子，嘴对着炉膛，只用力一吹，火借风势，便呼呼着了起来。略等片刻，她又续一把干柴，顺手用火棍捅了捅灶内通风口，灶膛内便不再冒烟，只听得木柴"噼啪"作响，只见得火苗冲着锅底燃烧。一切都做得那么自然顺畅，那么好看。

编导和演员见了，有的在一旁比划，有的过去把明德英拉起来，让她站在一旁，自己坐下来，学着明德英的样子，往炉灶里续柴火，炉子里冒烟了，她就像明德英刚才那样，嘴对着炉灶吹风。说来也怪，任凭这位漂亮姑娘怎么使劲儿吹风，面前的炉灶内始终就是直冒烟不冒火。

再换上一个，她又是续柴、吹风、冒烟。

又换上一个，还是续柴、吹风、冒烟。

到后来，炉膛内已续不进干柴了，浓烟也变得清淡了，炉火也就要熄灭了。

明德英一开始还站在一旁看着，后来她见事不好，赶忙出来救火。只见她用烧火棍一通，连吹两口气，炉火就呼呼窜出火苗子来。她如此救了两次火之后，姑娘们渐渐看明白了。

明德英也看明白了，这些漂亮姑娘是在练习一个动作，就是续柴、吹火。看着一个个被烟熏火燎、泪流满面的姑娘们，她说不出的心疼。不过，她还看出来一个问题，就是这些姑娘们都穿着一身相同的黄军装，她估计她们都是当兵的。由此，她看到了一个希望，那就是让自己最小的姑娘李长花，跟上这些人，也穿这样的衣服，也做这样的工作。而且她还认为，如果让长花去干这样的事，那简直比她这当娘的还强，那长花就成了这些姑娘的老师。想到这里，她觉得自己的姑娘是最棒的，一旦跟上他们，她就成了军人。即使不在自己的身边，自己也心甘情愿。

明德英把自己的想法告诉了老伴李开田，李开田朝她摆了摆手。她把自己的想法告诉了长花，长花也明白了母亲的意思，但她知道这是不可能的事，也摆了摆手，笑了笑，示意母亲，不要胡思乱想。

一个月以后，李长花接到通知，说晚上在横河村前的场院里，举行一场汇报演出，特邀明德英一家到场观看，并提意见。

李长花帮妈妈早早做好晚饭。吃完饭后，兄妹一起陪着明德英和李开田来到横河村前。远远地听见"大海航行靠舵手"的嘹亮歌声，那是场上高音喇叭唱出来的。再往前走，便看见场上人头攒动，彩旗飘舞。

县文化部门一位姓陈的负责人，看见明德英一家赶来了，热情地迎上去，拉着李开田和明德英的手，径直来到临时搭起的舞台前。那里早已安放了三排板凳。那位负责人安排明德英、李开田、李长花坐在中间一排，她们的两边坐着中央歌舞团芭蕾舞剧组的负责人，还有县、公社的领导。前排坐着的是明德英的家人。后排是兄弟公社、周围大队的负责人。

远远的一台发电机，催亮了挂在舞台上的电灯，同时照得广场四周通明。

明德英从来也没见过如此的场景，顾不上同别人说话，只顾得前后左右地观望，时不时地让长花介绍一些她弄不明白的问题。其实长花只知道这是《沂蒙颂》剧组创作的汇报演出，现场上的许多情况，自己也弄不明白，况且此时她还要应付来自客人的问话，介绍一些家中的情况。她只告诉妈妈，好好地看。

芭蕾舞是什么? 当地老百姓是通过看红色电影《红色娘子军》、《白毛女》才知道的，但是有多数人看不懂。明德英在此之前没看过，因为凡是村里放电影，明德英因为听不见，还得过河爬坡走沙滩，行动不便，所以，都是她在家看门。她也曾看过两次电影，都是部队野营拉练到这里，见她家交通不便，为她家放的专场。其中，一场是《地道战》，一场是《地雷战》。她看了，眉飞色舞，十分高兴。

明德英这次看汇报演出，是县、公社领导根据剧组的要求特意安排的。李长花陪着老爹老娘看演出，也是任务。但是她估计，自己既看不明白，也翻译不了，妈妈此行，也就是见见世面，看看热闹。

其实不然。红嫂明德英在无声的世界里生活了一辈子，在她的眼里，形体就是语言，她习惯于从别人的动作中，找出特定的语言，然后再领悟个中的含义和具体的内容。

汇报演出开始了。明德英全神贯注，目不转睛。李长花不时地偷眼看她，担心妈妈看不懂，甚至睡着了。然而，出乎意料的是妈妈比她还精神。

汇报演出到了救伤员、熬鸡汤的情节了，明德英看着舞台上八路军战士急匆匆的步伐，受伤后趔趔趄趄的姿态，——她轻轻拉了拉李长花的衣角。她的意思是让女儿认真地看一看。李长花反过来让她也好好地往下看。明德英又拉拉李开田的衣角，让他好好地看，李开田指一指自己的脑袋，意思是他已经看明白了。

一家人在无声地交流着。

一幕过后，幕布又徐徐打开。一个曾在她面前放了几十年的火炉子出现在舞台上，聚焦在她的眼里。不一会儿，一位大嫂坐在炉前，炉台上坐着一口铁锅，一套她平时习惯了的动作，把炉火烧得通红，——她看明白了，那就是她自己，台上的演员就是在她家里烧火时，被烟熏得淌眼泪的那个姑娘。她也弄明白了，这些俊男靓女们到她家，一次又一次地往炉子里续柴、吹火是为了什么。

明德英有史以来，第一次亲眼见到专门用形体动作来表达内容的艺术，那舞台上救伤员的艺术和艺术中的救伤员，她一看就懂，而且看得很认真，很动情。由此，她打内心里佩服那些姑娘们。看着想着，她越发想把女儿送给这个部队。虽然也感到这几乎是不可能的，可她无法排除心底的一丝希望。

→ 爱女从军

★★★★★

（62岁）

1972年，李长花20岁了，明德英似乎看到了送女儿当兵愿望的终点。然而，实现愿望的机遇却悄悄地来到眼前。

就在这年11月，驻河南省灵宝县的中国人民解放军某部干部战士，野营拉练来到山东省沂南县马牧池公社横河村。第二天早饭后，一队队的官兵来到久住李家林的明德英家，在门前的空地上列好队。公社武装部部长把明德英和李开田叫出来，站在队前，然后部队领导把一面写有"向红嫂学习"、"向红嫂致敬"的锦旗送给明德英。明德英不知怎么是好。李开田明白，拉着老伴的手，一起接了过来。

接下来是听红嫂事迹介绍。公社武装部

部长作了发言。官兵们还热烈欢迎明德英夫妇讲话，因为二老年事已高，由李长俊代表父母向部队致敬。最后，部队领导发表了热情洋溢的讲话。"向红嫂学习"、"向红嫂致敬"、"军民团结如一人，试看天下谁能敌"、"毛主席万岁"、"战无不胜的毛泽东思想万岁"，口号声一阵高过一阵。

散会了，官兵们一齐帮明德英一家挑水、扫

△ 小女儿李长花（后排左一）在参军前同全家合影

院子。

这里是红嫂明德英的世界。在这个世界里，李长花格外抢眼，跑前跑后的是她，应酬接待的是她，为老妈当翻译的还是她，她一时不可无，处处离不了。

在听取了当地领导关于红嫂明德英拥军支前事迹的介绍，亲眼看到了红嫂昔日的生活环境之后，指战员们从四周的群山，看到了当年开辟革命根据地的艰难。他们从面前的红嫂身上，看到了当年根据地人民那种无私而高尚的拥军情怀。指战员们被这位伟大的母亲所感动。红嫂的事迹让他们感受到军队和老百姓那种水乳交融、血浓于水的鱼水深情。许多深刻的道理，许多催人肺腑的感动，都在不言之中。

野营拉练的官兵就要回返了，带队的领导集体研究之后，决定请示上级，随野营拉练队伍一起，带李长花入伍。

对于这样一位影响全国的老英模，对于老英模之后的一位完全合乎应征入伍条件的老区女民兵，而且对部队建设有着深远影响的女兵，部队领导经过研究之后，一致同意并立即安排军务部门，同地方武装部门联系尽快办理相关手续。

李长花在不知不觉中，接到了从天上掉下的一个大喜讯，她被批准入伍了。

这是一次非同寻常的征兵，一切都来得那么突然。李长花喜不自禁，立刻告诉老父亲和老母亲，她被批准当兵了，而且明天就要起程。

明德英在冥想之间知道了这个消息。

冥想是一个漫长的过程，当冥想突然变成事实时，她也觉得来得太快了。明德英视人民子弟兵为自己的孩子，敬他们，爱他们。她一生都想把自己最好的孩子送往子弟兵队伍。大儿子李长俊当年曾是家中的顶梁柱，是他爹在家中或是在外边的得力助手，也是他爹最心爱的孩子。当年送他当了兵，她和老伴李开田像完成了一件了不起的使命一样，高兴了许多年。如今，小女儿长花是她的掌上明珠，是她同全家以及社会交流的最好帮手，她就是耳朵，她就是嘴巴，有她在跟前，自己该知道的能知道，该说的也能说出来，长花就是她心中最好的孩子。最好的孩子，就应该去当人民子弟兵。所以，当李长花告诉她要随部队参军时，她高兴得手舞足蹈，心花怒放，像个孩子一样喜形于色。

该为即将成为子弟兵的女儿做点什么呢？时间急促，做什么也想不起来了，做什么也来不及了。她想沉下心来好好想一想，可她那颗激动的心，跳得厉害，怎么也沉不下来。

她让李开田想想该做些什么，李开田此时也想不出什么好点子来。她决定去找大儿子李长俊。

长俊是见过世面的，小妹参军在他看来是水到渠成，跟上部队就走了。他知道，现在的部队生活与以前不同，吃穿都是供应，而且很好。家人要做的，一是把自己的全家都叫过来，一起坐坐，算是送行，也是集体表个态，家中的老爹老妈，在家的兄妹一定伺候好，让妹妹放下心来，安心在部队工作，别为老区、特别是别为咱革命家庭丢脸。他还决定把小妹当兵的事，写一封信告诉上海的庄新民大哥，让他全家高兴。

随后，长俊抽空到王家河对岸马牧池村的商店里，给小妹买了一支钢笔、一个笔记本，还顺手买了一本红宝书——《毛泽东选集》合订本。

回到家，他把自己和老妈的想法告诉妹妹，把礼物也送给妹妹。

长花接过礼物，朝着母亲深情地看了一眼。然后转过脸来对大哥说："大哥，往后你和嫂子就受累了，妹妹我……"长花既高兴又激动，泪水噎住了喉咙。

明德英的眼睛特别灵，灵得有时候能当耳朵用。儿女们在她身边，只要她看一眼，要做的事和想要做的事，她都能看出个八九不离十。刚才长花看她那一眼，她就明白她的心。后来长花对她哥哥说的那些话，她虽然听不见，但她知道长花说了些啥和为什么说那些话。大哥哥做的，妹妹满意了，她当娘的也自然满意了。

李长俊见妹妹掉泪了，也挺心疼的。他从小就特别喜欢这个小妹妹，为了不让她在老妈面前掉泪，开了一个小玩笑说："俗话说，男大当婚，女大当嫁。你呀，已经长大了，不是去当兵就是嫁出去，我和你嫂子早就打谱伺候咱爹妈一辈子，你只管放心。"

哥哥和妹妹说话的工夫，明德英想起一件事来，那是必须做的，不过她压在心里没说。

临傍黑的时候，她瞅着一个机会，拉了拉长花的手，长花会意地跟她走出家门，来到李家林地，在当年救助八路军伤员的地方停下来。母女俩一向心有灵犀，长花知道了母亲的意思。那是让她不能忘记老爹老妈对人民子弟兵的深情，告诉她，军队和人民早就是一家人，一家亲。

李长俊一眼不见了老妈和小妹，感觉告诉他，老妈和小妹走不远，可能就在老地方。他知道，近几年老妈常领着来访者到当年救助八路军伤员的地方，由妹妹当翻译，介绍当年的情况，每当结束时，还赢得一阵掌声，老妈常常感到这是妹妹的光荣。如今到这个地方，让妹妹再受一次教育，这本是自己刻意安排的一个仪式，想不到老妈走在前边了。他走出屋一看，果然如此。于是，他立即叫上弟弟和爱人孩子，一起过来。

就在明德英为自己的安排，也为女儿的顺从，使她悄悄完成一桩心事而高兴的时候，没想到李长俊带着全家老少都来了。

在李长俊的安排下，一家人站在明德英身后，长俊说："明天小妹妹就要远去从军了，临行前，咱全家一起告慰咱李家的老前辈，请老人们在天有灵，保佑妹妹出门大吉，在部队成长进步，这是咱李家的光荣，老爹老妈的光荣。"

明德英看着面前的儿女们，一个个身强力壮，一家人有说有笑，欢欢乐乐。她本来也是高兴，可不知道是想起了远在上海的庄新民，还是看到了近在身边且又即将远去的李长花，忽然，似乎一辈子的酸甜苦辣一齐涌上心头，使她悲喜交加。

喜也流泪，悲也流泪，甜也流泪，苦也流泪。她老泪纵横。

长花最心疼妈妈，她知道妈妈如此悲切，是用泪水同她做心与心的交流，交流的是酸楚、苦楚。

长花也哭了，她哭的是从此不知何年何月再与老爹老妈盘膝相坐，对面交流。

李长俊走过来，扶着老妈，回过头对家人们说："咱妈咱妹这是高兴，咱全家都高兴。回去吧！"

就在他们全家人回到家的时候，野营拉练部队的领导也来了，他们这是前来拜见这位伟大的母亲。

李长俊代表全家，向部队首长表示感谢！

→ 夫妻探母

★★★★★

（80 岁）

1990 年，离休后的庄新民，经过几年调养，基本恢复了健康。他感到不能再拖下去了，下决心择日到山东沂南看望老母。他和郑全英想了又想，选了又选，把日子定在 8 月 13 日动身。尽管有阴历阳历之分，可这个"八·一三"在上海人民的心中，有着特殊的意义。因为这一天是当年日本侵略军攻打上海的纪念日子，选择这一天，就是不忘国耻、民耻。还有一重意思就是这天动身，8 月 15 日中秋节时，可到达山东沂南，可以全家团圆，共庆佳节。

庄新民爱老区的人民。一踏上沂蒙山区，见到那些同龄人，特别是那些年长的人，他打心眼里感到亲切。那感情的根，爱的源头，都因为这里是他走向革命的故乡，是他获得

第二次生命的地方，还因为他心里有老爹老妈的
高大形象。

汽车在宽阔的国道上奔驰，庄新民的心，如
同翻滚的潮水。窗外的蒙山沂水随时都勾起他
许多的回忆。就要见到老妈了，他心头一阵阵高
兴，激动得心里发痒，手掌上出汗，脚心里也冒
汗了。

到沂南县城，他不作停留。他要赶到老妈身
边过中秋节。提包里有上海产的各种月饼，也有
每次都要送给老妈的奶糖，他要亲手拿给老妈
吃。

从马牧池乡驻地下车，他略微打听一下，然

△ 1990年中秋，庄新民与夫人郑全英到沂南看望明德英。

后跟爱人背着包裹，大步奔向明德英的家。

这里的路，比战争年代时好多了，宽阔也平坦了。越往前走越觉得面熟，那山上的石头，山边的小路，村庄的位置，都能依稀可记。没有再做打听，已经来到王家河畔，离老妈只有一河之隔了。

明德英的长子李长俊正在林地上整地种小麦，见有人从河东来了，估计是什么单位来看他娘的，便停下手中的活计，向路边走了几步，然后站下来，手搭凉棚，举目迎望。

只差十几米远了，庄新民停下脚步。他知道前边就是李家林，在这林地边上干活的定是李家兄弟。他看着走来的大汉，像是他的长俊兄弟。

李长俊手搭凉棚看了一阵后，越看越像庄新民大哥。毫无疑问，旁边的那位妇女就是大嫂。联想起在此之前的几次来信，都说一定抽时间前往看望老妈。这么一想，认定他们就是大哥大嫂了，心里顿时激动起来，向前急跑几步，大声地喊："这不是大哥大嫂吗？"

"是啊！我是你新民哥哥，这是你嫂子，长俊兄弟！哎呀，我的好兄弟……"庄新民边说边从小路上一步越过路边的横沟，抓住了长俊那双结满茧，粗大黑壮的手，泪水模糊了双眼。

李长俊边跟庄新民握手，边跟嫂子招呼说："盼您盼了三十多年了，头发都白了，您可来了！"

说话间，来到明德英的家。

→ 母爱无边

（80岁）

明德英的家还在原来那个地方。不同的是在战后的四十年间经历了三次更新。这最后一次更新是沂南县委、县政府、马牧池乡投资，横河村出工出料出建筑队，建起来的。

走进宅院，明德英正在堂屋门口，手里拿着一把小扫帚，清扫着地瓜上面的泥土，准备晚上在月光下切成瓜干。外面发生的一切她都不知道，更没有注意。除了耳朵听不见之外，因为平时来人很频繁，几乎每天都要有一至数起人们结伙前来访问她，看望她，所以，她对来人一向只作些必要的应酬。

就在庄新民和爱人走进院内，进入明德英的视线时，她习惯地抬起头，睁开红肿的双眼。这是因为她的倒睫毛又长出来了，刺得两眼发痒、流泪。

似乎是一种预感，或许是第六感官在起作用，她觉得从门外进来的不是往常那种过往来人，其中还有一份亲情，使她想起几个孩子，也想起当年曾救护过的小八路。抬头看时，强光刺眼，又没看清。

庄新民一眼见到久别的、长期挂记在心头的老妈，那激动的心情难以控制。于是三步并作两步，来到老妈面前。"娘——"未喊出口，双膝已经跪到地上，双手握住明德英的手，泪水止不住地往外流。

明德英仔细辨认这位举止异常的来客，轻轻抚摸着庄新民的衣服，左打量，右端祥，双肩、双臂、双背，她特别注视起庄新民的那双脚，然后再看他那副文静的脸面，突然，她会意地点了点头，接着一把抓住庄新民的胳膊，嘴里"啊，啊——"地大声喊，像是说："你就是我当年救过的小八路，你就是年年都给我上海奶糖吃的好孩子！"亲情发自内心，心情露在脸上，她伸出大拇指做出一串动作，似乎在夸奖庄新民："你是好样的，活下来了，伤也好了，今天还带上家眷来看我！"

庄新民很长时间才缓过气来，边落泪边说："娘啊！你是我的亲娘，我想念您几十年了，今天终于见到了你……"他呜咽着拉过郑全英，跟他一起跪到地上，给老妈恭恭敬敬地磕了三个头。明德英也哭了，几十年的愿望转眼之间实现了，是喜出望外，是激动满怀，使她脸上挂笑，眼里流泪。她给庄新民擦去泪，又给郑全英擦去泪。她的手上有了泪水，庄新民和郑全英脸上有了土，泪和土融在一起成了泥，泪水又冲掉了泥。

这天下午，他们一家十多口人，先是在李长俊的引导下，来到林地上，在李开田老爹的坟前，供奉了上海糖果和酒菜，庄新民和爱人给老爹行了三拜九叩大礼。随后，他们来到院子中间，在月光下围坐在一起赏月。

明德英有生第一次穿上来自上海儿媳妇亲手织的毛线衣。她的情绪非常好。借着月光，她拿起郑全英的手。郑全英比庄新民小两岁，虽已60多岁了，看上去却不过50。她的脸上透出海洋性气候的温和，也有大上海高雅明朗的城市气息。这是明德英观察往来女宾惯用的手法，也是她热情好客、待人以诚的做法。客人来了，坐下来，她拿过客人的手来，看着，抚摸着，既表示了亲切，又透过手的纹理来分辨出对方是农民、工人或干部身份，她甚至能从手上看出你是干文的还是干武的，多大年龄，是当地人还是外地人。当她透过郑全英的手，看出她的身份、气质、年龄和日常生活时，高兴得两眼眯成一条缝，嘴里"啊，啊——"不住地喊着，手里一会儿指天，一会儿指地，一会儿指大门外的墓地，一会儿又拉起庄新民和郑全英的手。

长俊媳妇赵法兰在一旁站着，明白婆母的意思，赶忙解释说："他大娘，咱娘这是跟你说，你长得真好看，脸上光光滑滑的，像月亮一样的平静，她知道你在外生活得很好。他庄伯伯找了你是他命好，你们俩是天生的一对夫妻，要是咱爹活着的话，今天他一定高兴。她叫咱团结和睦，咱两家抱得紧紧的。"长俊媳妇说的话，明德英听不见，但从她的表情和口型上，从大家听后情绪的反映上她看出，媳妇说对了，别人笑个不止，她更是笑个不止。

夜深了，突然袭来一阵凉意。明德英站起来，示意大家到屋里坐。

回到屋内，明德英仍兴致勃勃。她把手伸出来，上下翻动几下，长俊媳妇说："这是问你们几个孩子！"庄新民和郑全英忙答："我们有四个孩子，两个儿子，两个姑娘，都已结婚。"长俊媳妇一阵比划之后，明德英满脸飞笑。然后自己伸出五个指头，指指两个儿子以后蜷下两个指头。长俊媳妇说："咱娘这是说，她有五个孩子，三个姑娘，两个儿子。"

要说的话太多了，明德英忽然想起一些事，忙走出去，朝锅里添了两瓢水，正准备生火烧水。长俊媳妇出去了，她知道，婆母要烧水给大哥、大嫂烫脚，意思是叫他们准备休息。连忙接过她手中的活，叫她回屋里跟客人说话。

两个儿子都能当妈妈的翻译，说过一会儿话后，水热了。

明德英叫庄新民脱下鞋袜洗脚。

庄新民顺从地脱下皮鞋，又脱下尼龙袜子。忽然明德英走过来，目不转睛地看着庄新民的双脚。她看看脚跟，再看看脚趾头，像当年从他脚上寻找伤口一样，又像是要从脚上找到旧痕似的。然后指着庄新民的脚底，一只手在自己的面前平摆了几次，意思是说：一点也看不出来了，这样我就放心了。

看老妈那如同医生查病的认真样子，听着弟弟妹妹们自然而流畅的翻译，一股热流涌向庄新民的全身。

庄新民努力从自己的阅历中寻找类似的故事，想得出的有爱情故事，有友情故事，更多的是母子、父子、手足亲情故事。像面前的妈妈，不是亲妈，胜似亲妈，为革命同志，那么赤诚，那么真挚，那么奉献的故事，即使是小说和戏剧中那些虚构的故事，也未曾见闻过。这连作家都想象不出的故事，只能理解为是民族革命战争把他们联结在一起，是民族抗争的精神使得老妈具有超凡脱俗的勇气和力量。几十年对老妈的理解，几十年对老妈的感情,庄新民感受到正义的力量。是正义冲破了世俗，是空前的民族战争激发了正义的力量。

想着想着，庄新民已是激情满怀，满眼热泪。

庄新民夫妇就在红嫂明德英的屋里住下了。山村的夜晚，更是夜深人静。连续奔波了几天的庄新民，静下心来，又把往事回首一遍，心潮仍不平静。

这已经是几十年了，庄新民每逢想起战争年代，特别是想起老妈，心潮都不平静。今天，他又添了一份心事，那就是老爹不在身边了。

想起老爹，多少事又浮现在眼前，半点儿睡意也没有了。他不声不响地披衣起床，悄悄来到屋前不远的坟地。拿来一把柴火在李开田老爹坟前点着，闪闪的火光如同老爹慈祥的笑脸。噼啪的响声，如同父子对话一般。思绪把他引到抗日战争的艰苦斗争岁月之中，引到黄浦江边和南京路上。火光映出 1956 年正月底，老爹从上海回山东，在车站送别的最后一面。所能忆起老爹的面孔，都跟眼前的火光一样，温暖心田，光彩照人。他不知道该怎么评价老爹，也不知道该怎么报答老爹。他躬下身来，拱手作揖，俯地叩首。滴滴热泪洒到李开田坟头的黄土地上。他呜咽着边哭边说："老爹呀，我多么想拄上拐杖，咱老爷俩再走上一段山路呀！当年，咱一起走的时候是艰苦的，如今再一起走，可就是幸福的呀！可是您远走了，不管我了……"

不知什么时候，爱人郑全英走过来了。她是在跟庄新民结婚后才详细听说的。几十年间，她十分感激老爹老妈，常对孩子们说："你们都必须知道，没有李爷爷，明奶奶，就没有咱们的今天。"面前的情景使她看到了一个革命战士对恩人的真情实意，她默默地说："如果说良心的话，庄新民也是一个最有良心的人。"她也跪下来，向着恩人深沉地磕了三个头，然后拉起庄新民回到明德英老妈的身边。

庄新民和爱人郑全英在横河村一带山水之间，凭着四十多年前的记忆，来来往往走了两天，每一座山头，每一处村庄都有几多激动人心的故事。他每天沉浸在激动和高兴之中，在一处处访谈中品味平生之路。

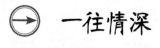 一往情深

★★★★★

（84 岁）

庄新民带着爱人郑全英到沂蒙探母，不仅加深了两代人、两家人的情谊，而且从老妈妈以及老妈周围所有的老区人民身上，看到了一种可贵的精神，这就是威武不屈的民

族精神和昂扬奋进的沂蒙精神。他为自己有这样一个第二故乡而骄傲，他为有这里的老爹、老妈和兄弟姐妹而自豪。他感到此次重返沂蒙山，更加深化了对沂蒙山人的认识。

五十年前，他对沂蒙山只是初识，那时只看到这地方能藏龙卧虎，是同敌人周旋，在周旋中把敌人拖垮、吃掉的好地方。以老爹老妈为代表的沂蒙山人是根据地的基石，是取得抗战胜利的基础。

五十年以后重返沂蒙山时，他进而感到沂蒙山是一部教科书，沂蒙山人是诲人不倦的教师，是做人的楷模。这里有在上海或其他地方学不到的东西。他想，一个人如果能在这里学习一段时间，就打下了一生奋斗的基础。

从山东沂南县回到上海以后，他越想越觉得沂蒙山是一所大学校。他决意让孩子们到明奶奶身边去学习，补上生长在战后和城市的缺课。

1994年1月，庄新民让正在海军当兵的二儿子庄建，趁休假之机到山东沂南看望明奶奶。

正月26日上午，身穿海军少校制服的庄建，在王家河西岸李家林北头找到了明德英奶奶一家。

山区的正月还充满着节日的喜庆气氛。庄建站在林地边上观看这座家园。

爸妈讲的团瓢屋已经成为历史，连同第二代、第三代更新的房子作为历史，陈列在一起。在另一边，一连四套住宅连成

△ 庄新民在海军当兵的儿子庄建（后排左二）在看望他的明奶奶时，与全家合影。

　　一片，一色的红瓦，映衬着远处的山，近处的水。

　　四周的松、柏、杨、槐树，连着远处的大山和密林，松涛滚滚，郁郁葱葱，映着蓝天白云，犹如仙境一般。明德英的住房又有新变化，那是一年前县、乡、村联合盖起来的，新拉起的院墙，用白石灰粉刷了四壁，红漆染的大铁门上贴着大红的对联，更显出满院春光。

　　庄建在县里一位干部的陪同下，走进明德英的家门。

两个叔叔都在屋子里忙碌，见有人来，忙停下来。知道是庄新民大哥的儿子庄建代表父亲来看望老妈之后，喜不自禁，不知说什么好，也不知做什么好。

庄建没顾上这些，他只想到尽快见到他的明奶奶。

明德英因一年前患老年白内障，双目已经失明，还未起床。

这个带着三代人的感情，受爸爸委托的孝子，见到明奶奶卧床不起，心头一沉，担心是不是病了。于是急走了几步，来到奶奶床边，趴在床边亲切呼唤："奶奶，奶奶，远在上海的孙子看您来了，是爸爸叫我来看您的。"他还想说什么，可他说不下去了。两个叔叔和一个婶婶看到这个穿军装的侄子，如此的听话，如此的孝敬老人，心里热乎乎的，也都眼里含着泪花。

停了好一会儿，庄建平静一下感情，像是对奶奶，其实是对大叔大婶说："我爸爸本想来山东与奶奶、大叔大婶一起欢度春节，可就在他准备起程的前几天，不慎跌了一跤，造成第十二胸椎粉碎性骨折，在病床上，他叫我替他行孝。我只好节后才来。"说完，他帮着婶子给奶奶穿上衣服，又扶她坐到一个竹制躺椅上。然后，拿出从上海捎来的奶糖、果品。明德英口含上海奶糖，想起庄新民夫妇，也想起跟老伴一起的许多故事，她断定上海的儿孙们来了，忙示意两个儿子杀鸡待客。

连续几天，李长俊大叔及其他乡亲讲了许多故事，其中有战争年代，这一带老百姓拥军支前的故事，也有近几年的拥军优属故事。许多故事，庄建听爸爸讲过，但明奶奶赶制拥军鞋垫的故事，他还没听说过，估计父亲也未必知道。

故事发生在 1985 年，边境线上我军将士奋力自卫。现代战争更加残酷，条件非常艰苦，已是 75 岁高龄的明德英奶奶知道后，叫上儿媳、孙女、孙媳一起为前线将士赶制鞋垫，像抗日战争时期做拥军鞋一样，白天干了晚上干，五天做了 20 双，还在每一双鞋垫上醒目地绣上了"勇敢杀敌"、"报效祖国"、"为国争光"等字样，然后寄往前线。事情也巧极了，明奶奶寄往云南边防军的鞋垫，恰恰是一个沂南籍战士较多的陆军三五二八一部队十一分队，队伍中有一位 1984 年 11 月应征入伍的沂南籍战士名叫高登元，是沂南县界湖镇南神墩村人。看到这个邮包的地址，看到上面写的"前线战士收"的集体名字，他们急不可待地拆开了。一个战士一把拿起明奶奶简短的附言，念道："孩子们，你们辛苦了，中国人有今天实在不容易。您一定看好祖国的大门，全国人民支持您。寄上几双鞋垫，略表心意，穿上它，心系祖国人民，勇敢杀敌，为我们的祖国争光。"落款是"山东沂南红嫂明德英率子女敬上"。多么熟悉的名字，多么诚恳的教诲，明奶奶代表老一辈说话了。像见到了家乡的亲人，像看到了背后的百万大军在支持。战士们热血沸腾，"祖国万岁"、"人民万岁"的口号声响彻军营。

高登元第一个向连队党支部递交了决心书和请战书。在战场上他同战友们密切配合，不怕艰险，冲锋在前，粉碎了敌人数百次进攻和袭扰。在 1986 年 1 月 28 日的一次出击战中，高登元为掩护战友，不幸壮烈牺牲。战友们在清理他的遗物时，从他的背包里找出了红嫂明德英寄去的鞋垫，上写着"为国争光"、"勇敢杀敌"，在高登元的手臂上，还工工整整地写着"不忘红嫂嘱言，为国争光"字样的座右铭。

庄建听着故事，看着奶奶，深刻地感受到了祖国和人民对子弟兵的厚爱和希望。他从中掂出了自己肩负重任的分量。他所在的海军，守卫的海防，全是边防线，打起仗来，环境更艰苦，战斗更残酷。职业的关系，使他心中常翻滚"甲午风云"，常涌现邓世昌和他的将士们。他曾不止一次地以他们为楷模，立志做那样的中国人，做那样的水兵，像他们那样捍卫祖国的领海。

来沂南见到明奶奶一家后，他又觉得自己身为军人，受党、受祖国、受人民委托，那么想是完全应该的。明奶奶是地道的老百姓，她一生没离开乡土，具体地说没离开李家林，在十多年战争中，她和全家始终爱党、爱军、爱祖国，而且爱得那么执著，执著到一辈子不动摇，几代人来继承的地步。他不由得想到自己近几年来的思想变化和一度出现的离队思想。李长俊大叔给他讲的故事很简单，他听得却极认真，而且对号入座。

回到上海，他把这个故事讲给爸爸、妈妈和全家人听，把自己心中悟出的道理也说给大家听，庄新民高兴地说："你已经不是孩子了，听事明理，是好样的。在咱们这个家里，有你明奶奶在那里立着，咱们都得跟她学。"

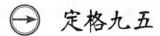

→ 定格九五

（85岁）

1995年3月，属猪的明德英刚刚在本命年上过了一天一夜，就突然病倒了：双肺囊发炎，全身轻度脱水，心肾功能不全，水电解质失去平衡，茶水不下。

3月5日，明德英躺在床上，一切像往常一样，先是习惯地由着医生们打针服药。下午4点，起下吊针，她把手抽回被窝，想静静地睡上一觉。

忽然有一只手，颤抖着伸进被窝，抚摸着她那干瘪的手。她以为是医生为她把脉，只是顺从地伸出右手，没作任何别的表示。

一会儿，那只手收回去，接着往她嘴里送进一块奶糖。开始，她以为是医生为她服药。细一品味，啊！她喊出声来，记忆告诉她这是上海产的奶糖。

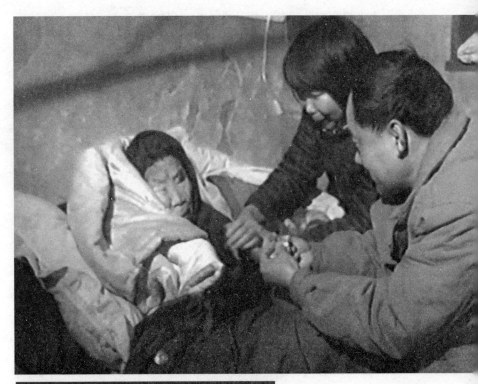

△ 庄举华来到奶奶面前，掏出上海奶糖送到奶奶嘴里。

一年又一年，明德英吃惯了上海奶糖。从那以后，就不再吃当地的糖块，不管是什么样的，都吃不上口。她吃糖的机会并不多，但她非上海奶糖不吃。每次吃到庄新民寄来的奶糖，当年的许多情景，便涌上心头，令她激动不已。

过去，每次吃起这种糖，她总要细细品味，在甜蜜的品味中，回忆那一幕幕往事。今天，在重病一个多月后，怎么也想不到，张口吃到的竟是上海奶糖。她意识到连日重病，上海的儿孙们可能来看她，而她又何尝不想念他们呢？说不定这次看望怕是一生中最后的一次了。想法在心中，虽然说不出，虽然不愿惊天动地专门告诉上海，可她又有一种侥幸想法，如果此时孩子们来山东或到别的地方出差，顺便过来一趟，也还能见上最后一面。此时，已经患白内障眼病多年的明德英知道，自己即使两眼已经看不见什么了，让她用手摸一摸也好。

明德英张口吃到的还真是上海奶糖，而且是庄新民的大儿子庄举华捎来的奶糖。

庄举华能在此时赶过来，明德英能在大病之时吃上上海奶糖，完全是二儿子李长任做的特意安排。他知道母亲此时最想念庄新民，见她病重危险，就不声不响地到乡邮电支局发了电报。

庄新民接到电报之后，万分焦急和难过。毕竟是七十多岁的老人了，身体又一向不好，一夜之间，血压升高到 220。他立即叫来长子庄举华，对他说："你奶奶病重，我的身边有你妈照顾，你就放心，你要立即起程，星夜赶路，代表我也代表全家到山东看望奶奶。"临行，郑全英特意让他带上老娘最爱吃的奶糖。

消息被上海电视台知道了，临行这一天，他们组成报道组，带上摄像机等设备，先将病中庄新民对救命恩娘的深切祝愿摄制成专题，然后，随庄举华一起，昼夜兼程来到沂南。

踏进沂南县城，庄举华就向前来迎接他们的当地负责人员打听，当听说明奶奶的确病得很厉害时，急得直跺脚，顾不上电视台还做什么安排或准备，立即赶往明奶奶家中。

走进大门，他看见满院子的人都在忙碌。在院子东北角上，沂南县的领导、马牧池乡的领导正在研究着什么。他不认识，也没打招呼，径直往屋里疾走。这屋里，明奶奶正躺在靠门口临时搭起的床铺上，静静地，一动不动，似乎是睡着了。马牧池乡卫生院的院长和医生们正在为明奶奶会诊。

明德英吃上这块上海奶糖，一肚子话说不出来。想看看是谁拿来的却又看不见。千言万语集中在喉头，她喊"呀"，伸出刚刚打过吊针的胳膊，在自己的前方摆呀摆，摇呀摇，嘴里不停地"呀呀"直喊。家人们都知道她这是上海奶糖

△ 上海电视台获悉明德英患病，庄新民的长子庄举华前去看望的消息，立即组成摄制组随访。图为编导江宁同志在庄新民家中采访。

激起的情思，这情思是庄新民一家40年孝心的结晶。代父行孝的庄举华看出奶奶是在满怀激情地寻找他，奔腾的感情潮水般袭向心头。

上海电视台专题组的编导们采访了许多人，庄举华不时地听到来自县、乡、村领导的答记者问。

在听过许多之后，庄举华感到面前躺着的

这位奶奶是位伟大的中国妇女,凡属一个母亲所具有的,一个革命者所具有的,她都有。

庄举华太感动了。他在人世已经走过了48个春秋,曾不止一次地听爸爸讲述明奶奶的故事,"伟大"、"高尚"之类的词语,在他的日记里、脑子里记下了无数次,可以说,明奶奶在他心里扎的根最深,明奶奶在他面前的形象最光芒四射。但今天,他真正站在她跟前时,觉得奶奶比他平时想到的、感觉到的更真实更伟大。

上海电视台的记者采访两天后回城了,庄举华没回去,他就睡在明奶奶身旁。其实他没睡,就坐在明奶奶身旁,他为奶奶端茶倒水,喂药,两眼瞅着那三瓶药水,一滴一滴地注入奶奶的血管之中。

三天之后,红嫂明德英的身体硬朗多了,马牧池乡卫生院院长赵仁泰亲自为她撰写病历,在结尾处写道:明德英勤劳善良,富于奉献,生活清贫,性格内向。25岁结婚,生育五胎。三年前患白内障失明,无既往病史。一生没患重病……"

看着医生的结论,看着面前的奶奶,庄举华无比的激动。他和全家向往和祝愿的正是这个结果。

1995年4月,乡卫生院接到报告说:"明德英的病情出现反复,请求医护人员火速前往。"

院长赵仁泰二话没说,叫上医生护士,以最快的时间赶到明德英家中。只见老人半躺在临时搭起的病床上,咳嗽不停,气喘吁吁。初步诊断是旧病复发，立即报告县人民医院。县人民医院立即派出专家会诊，很快确诊为感冒引起双肺肺炎、败血症、肺心症、水电解质平衡失调等多种疾病。随后，县、乡及县民政局领导也赶往现场，组织成立了抢救治疗小组，确立了抢救治疗方案。然而，明德英毕竟老迈年高，各个器官功能已经严重衰退。虽经全力抢救仍无效果，于 1995 年 4 月 21 日与世长辞。

明德英逝世的噩耗传到上海，身体十分虚弱的庄新民恸哭不已，任凭别人说什么他也接受不了。他立即让儿子以他的名义发电报，并携全家献上花圈，送一帧挽联，上书"革命的老妈伟大的母亲永存子孙心中"。

1995 年 4 月 22 日，明德英遗体火化后，与其丈夫李开田合葬，生前照片及事迹介绍被存放在鲁中革命历史纪念馆。

后 记

无言的教诲

红嫂明德英走了，她在无声的世界里，生活了85个春秋。

红嫂明德英走过的这85年，是中华民族跌宕起伏、翻天覆地的一段岁月。

红嫂明德英生活在沂蒙山区的一个小山沟里，这个小山沟同中国大地上许许多多小山沟一样，经济落后，交通不便，人迹罕至，视野狭窄。

然而，如同一个太阳不能同时照遍一个地球一样，同一个大地总有不同的地方。明德英生活的小山沟与其他地方的小山沟不一样。

1938年5月，毛泽东在延安做出"派兵去山东"的决策，随后，从延安、从华北、从全国各地的抗战队伍和革命先驱，纷纷来到山东沂蒙，落脚到红嫂居住的这一带山区。从此，这里成了中国共产党开辟的革命根据地中心。她生活的小山沟，被描述为"山东的中心在沂蒙，沂蒙的中心在沂南，沂南的中心在常山"，常山是哪儿？常山就是明德英生活的那个山，明德英的家就在这个常山脚下的小山沟里。

抗日队伍来到了常山，太阳也照到了常山。从此，红嫂明德英生活的小山沟发生了许许多多的变化。

一切正常人对世界的认识，靠的是耳闻目睹。目睹当然是极为重要的，而耳闻更为重要。因为耳闻含有大众集成的成分，有经过加工提炼以后的认识，既然是听到的，多少有经过提炼升华的意思。

明德英没有这些条件。她一生没听到什么，所有对世界的感觉和认知，都是自己亲眼所见，亲身所感。

她的所见所感是什么? 她的所见所感是：穷人和富人不一样，八路军和鬼子、汉奸、国民党军队不一样，新社会和旧社会不一样。

当明德英凭自己的双眼分辨出不一样以后，她爱憎分明，能做到不一样的人就不一样地待。她觉得穷人都是一样的，所以谁到她家里，就热汤热水热心肠，热情相待，真诚相待。他觉得八路军战士好，就肝胆相照，生死与共。伤员只需要一口水就能活命，她没有，可她能冲破千年的道德规范，把纯洁而神圣的乳汁滴进伤员的口中。伤员需要一点营养就能重上前线，已经十分清贫的她，就舍得把正下蛋的老母鸡杀了，熬成汤，自己不吃一口，全给伤员吃。认准了这一点，她就矢志不移，一辈子爱党爱军，把自己最好的孩子送到人民的军队。

明德英一生为农，一生在农村，没做过惊天动地的大事。然而，她对人民子弟兵的坦诚和无私，征服了千千万万将士的心。人民子弟兵在她那里找到了无畏和力量。

被历史肯定了的东西，才是具有生命力的东西。明德英默默奉献的精神，被历史肯定了，被一代代的人民肯定了。因此，她具有极强的生命力。

当硝烟退去的时候，当人们感受到新社会幸福的时候，人们想找到她。找到她，是向她学习，是让她以自身的行动来教育、启发子孙后代。

据回忆，上世纪 60 年代，济南军区在山东境内驻军，几乎在冬训中全部来过红嫂的家乡。70 年代，济南军区、南京军区和武汉军区以及各总部在这一带驻军，响应毛主席"这样训练好"的号召，每年冬季进行野营拉练的时候，大都绕道路过这儿，让将士们看一看这位当年曾经用乳汁救过伤员的红嫂。

上世纪 70 年代初期，山东各地、全国各地的许多文艺团体，首先到沂蒙山中体验生活。印象最深的是中央芭蕾舞团《沂蒙颂》剧组、山东省京剧团《红云岗》剧组，他们整团的人马在红嫂明德英家周围安营扎寨，一住就是几十天。艺术家们在这里既学习又模仿她的生活和外在举止，更着力寻找一行一动的内在精神。

1988 年，著名电影演员田华风尘仆仆地从北京赶来，他要饰演由作家孙滢以迟浩田为背景而创作的一部电视剧中的老房东。为体验生活，她来到红嫂家中，一坐就是半天，跟她学到了沂蒙妇女特有的品质。

这一年著名吕剧演员、山东省吕剧团团长朗咸芬率团来到红嫂明德英的家。她们是根据山东省文化厅副厅长孙永猛创作的吕剧《蒙山沂水》到这里体验生活的，当这位舞台银幕上的李二嫂同生活中的红嫂见面时，一股同志加同宗的亲情，使四只手紧紧握在一起。

著名电影演员王玉梅来了。

中央电视台著名主持人、著名演员倪萍来了。

中央电视台的阮若珊也来了。在明德英的小院子里，阮老讲起了当年在这一带打游击时，创作《沂蒙山小调》的情景。她捋一把满头白发，又摸一摸明德英的白发，深情地说："大嫂，咱俩都老了。我们一起抗击了一场人类最残酷的战争，迎来了艳阳天。"她两眼含着泪花，看看红嫂，又看看外边的松柏树和远处的群山。

沂南县民政局从李家才当副局长开始，一直同红嫂明德英保持着密切的来往，逢年过节，上级来人，所有前往慰问的、探望的、学习的，他们都要登门，或做向导，或作介绍。据他们提供的权威资料证实，从上世纪 60 年代开始，明德英家几乎天天都有接待任务，三五人的时候有，几十人、上百人的时候也有。有军人、有公安战士，也有干部、工人、学生、艺术家。她的照片和记述她的各种记载文章，还有以她为基型创作的素描、木刻、油画，在上百种杂志上刊登过。

在一次全国性的"沂蒙金秋"摄影大赛上，来自全国各地上百名摄影家，在这里拍摄了许多红嫂的生活镜头，有十多幅佳作获得国家大奖。

据统计，在近40年的时间里，来这里参观、学习、访问的人员达十万多人次。每一个从这里走出去的人，无论他在这地方呆了多长时间，明德英都没跟他说什么，然而他们学到的东西，车装不完，手拿不了，满脑子胀鼓鼓的，在以后的生活道路上不断地放射出无尽的力量。

1992年3月6日，山东省暨济南市各界妇女隆重集会，纪念三八国际劳动妇女节82周年，红嫂明德英作为57名被命名为"山东红嫂"的妇女中第一名，受到表彰，聂荣臻元帅亲笔题词，赞誉她为"革命的先进妇女光辉形象"。

在迎接新中国成立60周年前夕，经中共中央批准，由中央宣传部、中央组织部、中央统战部、中央文献研究室、中央党史研究室、民政部、人力资源和社会保障部、全国总工会、共青团中央、全国妇联、中国人民解放军总政治部等11个部门联合组织开展评选，明德英入选100位为新中国成立做出贡献的英模人物。

真正的人民英模就是这样，一旦你走近他，就有无限的感动。一旦你学习他，你就会唱响英雄赞歌，像他那样，有着爱的情感，有着高尚的道德情操。人民英模来自于群众，是群众的先进代表，有着鲜明的时代性和群众性。同时，正因为人民英模出于人民，她又有着超越时空的特点。60多年前，明德英是一位人民英模，无论是战争年代还是和平建设年代，她都在默默地继续着她的英雄本色。